Inhalt

W0088405

Materialeinkauf

Betonverbund

Gebrauchtes Natursteinmaterial

Wege und Plätze bestimmen das Erscheinungsbild Ihres Gartens wesentlich mit. Sie geben auch Auskunft über Geschmack und Stil der Hausbewohner. In besonderem Maße trifft dies auf das Wegebaumaterial zu. Die Betonverbunddecke vieler Einheitsgärten mag zweckmäßig erscheinen, das Material dagegen ist weniger lebendig und die Verlegeart oft monoton.
Selbermachen gibt Ihnen die Möglichkeit, das an sich einförmige Material einfallsreich zu verarbeiten. Besser beraten ist, wer am Wegebaumaterial nicht spart und schönen, dauerhaften Naturstein wählt. Angesichts der verschiedenen Steinarten fällt die Wahl oft schwer.
Ein Besuch beim Händler ist meist nötig, um anhand von Musterverlegungen Aussehen und Verwendungsmöglichkeiten der verschiedenen Natursteine richtig beurteilen zu können. Zudem ist nicht überall im Handel, was im Katalog gefällt. Manche Baustoffhändler führen neben Baustoffen und Betonfabrikaten auch Natursteine. Besser berät Sie in jedem Fall der Natursteinhändler. Ziegeleien, die Dachziegel brennen, stellen auch Klinker her und verkaufen zum Teil ab Werk. Die Masse gelangt jedoch über den Baustoffhandel an den Verbraucher. Bei Baustoffhändlern und in Baumärkten bekommen Sie auch alle weiteren Materialien über Schüttgüter, Zement, Kalk, Dränagerohre, Schächte bis zu Zuschlagstoffen für Beton und Werkzeuge. Schüttgüter, wie Kies, Sand etc., sind beim Baustoffhändler allerdings zu teuer, da sie auch hierhin vom Kieswerk geliefert wer-

Inhaltsverzeichnis

Ein Wort zuvor

Selbermachen – ein Hobby, das heute für Millionen zur sinnvollen Freizeitbeschäftigung geworden ist. Ob es sich nun um die gemietete Altbauwohnung oder um die eigenen vier Wände handelt, mit etwas Geschick und einer fachmännischen Anleitung lassen sich oft verblüffende Ergebnisse erzielen: bei kleineren Reparaturen, beim Renovieren und Verschönern und beim Um- und Ausbauen.

Und Selbermachen bringt Spaß. Freude an der eigenen Arbeit, deren Ergebnis man Tag für Tag sehen und »bewundern« kann; es spart Geld, mit dem sich lang gehegte Wünsche erfüllen lassen, und es macht unabhängig von Handwerkern, auf die man womöglich wochenlang vergeblich gewartet hat.

Fachgeschäfte, Heimwerker- und Baumärkte versorgen den Hobby-Handwerker mit allen Werkzeugen und Materialien, die er braucht. Doch richtiges Werkzeug und Begeisterung allein reichen nicht aus. Unerläßlich sind eine gründliche Vorbereitung und Fachkenntnisse, wie eine Arbeit durchzuführen und was dabei zu beachten ist.

COMPACT PRAXIS **Selbst Höfe und Wege pflastern** zeigt Ihnen, wie man's macht. Mit wertvollen Tips und Tricks, die sich in der Praxis tausendfach bewährt haben. Jeder Arbeitsgang wird ausführlich Schritt für Schritt gezeigt und in Bild und Text erläutert. Übersichtliche Symbole zeigen auf einen Blick, mit welchem Schwierigkeitsgrad, welchem Kraft- und Zeitaufwand Sie bei jedem Arbeitsgang rechnen müssen, welche Werkzeuge Sie brauchen und wieviel Geld Sie durch Ihre eigene Arbeit einsparen können.

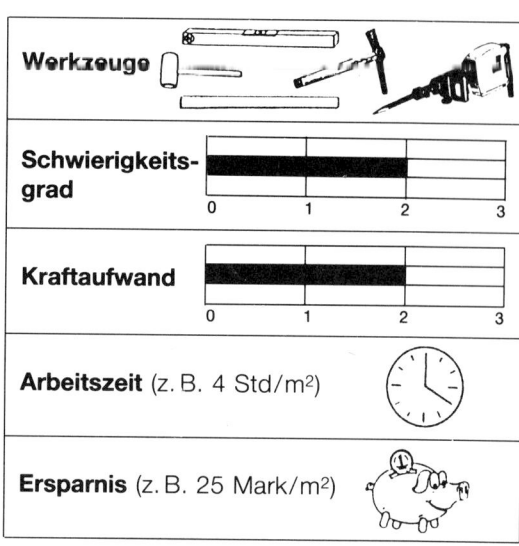

Und so stufen Sie sich richtig ein:

Schwierigkeitsgrad 1 – Arbeiten, die auch der Ungeübte ausführen kann. Es ist nur geringes handwerkliches Geschick erforderlich.

Schwierigkeitsgrad 2 – Arbeiten, die einige Übung im Umgang mit Werkzeug und Material erfordern. Es ist handwerklich durchschnittliches Geschick notwendig.

Schwierigkeitsgrad 3 – Arbeiten, die fachmännische Übung erfordern. Überdurchschnittliches Geschick ist erforderlich.

Kraftaufwand 1 – leichte Arbeit, die jeder bequem erledigen kann.

Kraftaufwand 2 – Arbeiten, die eine gewisse körperliche Kraft voraussetzen.

Kraftaufwand 3 – Arbeiten für kräftige Heimwerker, die keine »Knochenarbeit« scheuen.

den müssen. Man kauft oder bestellt sie besser beim Kieswerk selbst. Fertigbeton bekommen Sie nicht ab Werk. Sie können ihn nur über den Baustoffhändler einkaufen, der auch eine Zulieferung in die Wege leitet.

Gebrauchte Natursteinmaterialien gibt es nicht bei jedem Natursteinhändler. Da sie jedoch von ganz besonderem Reiz sind, hier einige Tips, wo man sie eventuell noch günstig erstehen kann. Manchmal stößt man auf Gebrauchtpflaster in alten Kiesgruben oder auf Schuttabladeplätzen. Dort wurde es aussortiert und auf die Seite gelegt. Auch einige wenige Abbruchunternehmen bieten solches Material zum Weiterverkauf an. Eine weitere Quelle sind städtische Bauhöfe von Gartenbau- oder Tiefbauämtern bzw. Straßenmeistereien. Hier bedarf es jedoch einiger Diplomatie, um die schönen Gebrauchtmaterialien überhaupt erst angeboten zu bekommen. Nicht selten wird man über Annoncen in Wurfblättern fündig. Ausgewählte, alte Natursteine und Natursteinplatten bekommt man bei Händlern, die vor allem Tröge, Findlinge, Brunnen und dergleichen anbieten.

Niemand wird sich ohne weiteres einen ganzen Hof oder Weg mit altem, kostbarem Material pflastern können. Das ist auch nicht unbedingt nötig. Einen schönen Blickfang bieten schon in den Belag eingearbeitete Abschnittreste vom Steinmetzbetrieb, bunte Platten, Elsenteile, Fliesen von Flohmärkten und Antiquitätenhändlern oder Erinnerungen aus dem letzten Urlaub. Fassen Sie auch, wenn ein alter Belag in Ihrem Garten vorhanden ist, die Möglichkeit ins Auge, diesen wiederzuverwenden. Er sollte sich allerdings als tauglich für Ihre Zwecke erwiesen haben und Ihnen selbstverständlich gefallen. Nehmen Sie das Material auf, lagern es zwischen und kombinieren Sie es eventuell mit dazugekauften Platten oder Pflastersteinen. Auf diese Weise haben Sie für wenig Geld eine ganz neue

Wegedecke; das alte Material wurde damit verschönt wiederverwendet und reicht nun für eine größere Fläche. Ein gelungenes Beispiel demonstriert Ihnen die Abbildung (vgl. S. 6, unten).

Natursteinpflaster

Artikel	1 t ergibt qm	kg/qm	DM/qm
Mosaikpflaster			
6/8 cm	ca. 6,7	150	55 bis 120
5/7 cm	ca. 7,5	140	50 bis 100
4/6 cm	ca. 8,5	115	40 bis 80
3/5 cm	ca. 10,0	100	50 bis 70
Kleinpflaster			
9/11 cm	ca. 4,5	220	50 bis 90
8/11 cm	ca. 5,0	210	55 bis 150
7/9 cm	ca. 5,6	180	40 bis 80
7/11 cm	ca. 5,0	185	50 bis 90
Großpflaster			
13/15 cm	ca. 3,3	300	75 bis 120
15/17 cm	ca. 3,0	335	80 bis 140
15/17 cm	ca. 2,8	350	80 bis 140

Umrechnungstabelle mit Circa-Preisen (Stand 1989)

Fantasieplatten aus Beton

7

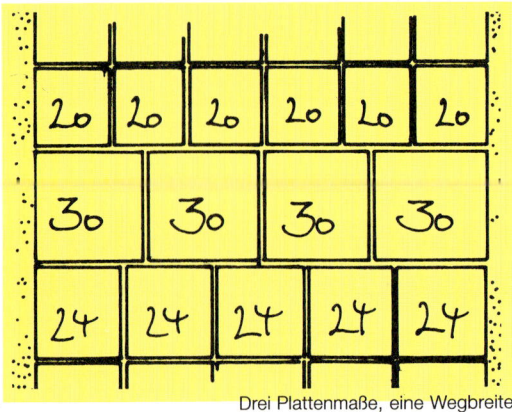

Drei Plattenmaße, eine Wegbreite

Gleichmäßiges Fugenbild

Variable Fugenbreite

Material-berechnung

Wenn feststeht, welches Material Sie verwenden wollen, geht es an die Berechnung der einzukaufenden Menge. Die Maße des einzelnen Steins haben direkten Einfluß auf die Wegbreite. Haben Sie sich für Klinker im Normalformat entschieden, bietet sich z. B. eine Wegbreite von 125 cm an: 5 Steine je 24 cm Breite, zuzüglich etwa 1 cm Fuge je Stein.

Auch bei der Verwendung von 30 cm breiten Betonplatten (4 Stück) oder 20 cm breiten Hollandklinkern (6 Steine) stimmen Steinmaß und die angenommene Wegbreite noch zusammen. Würden Sie jedoch 25 cm breite Platten verlegen wollen, kämen Sie mit den Fugen auf einen 130 cm breiten Weg.

Sie sparen sich aufwendiges Zuschneiden des Materials, wenn Sie von vornherein je nach gewünschter Wegbreite die entsprechende Steingröße wählen bzw. umgekehrt. Vergessen Sie jedoch nicht, die Fugen mitzurechnen. Bei größeren Flächen kämen sonst schnell 2 bis 5 qm zusammen, welche Sie an Steinmaterial zuviel hätten. Andererseits können beim Transport oder beim Verlegen Kanten absplittern oder Steine brechen. Es ist gut, für diesen Fall Steine auf Vorrat mitbestellt zu haben.

Bei Mosaik- oder Kleinsteinpflaster ist es leichter möglich, eine beliebige Wegbreite zu wählen. Kleinere Steine bilden beim Verlegen mehr Fugen und damit mehr Spielraum, das Material etwas zu rücken. Haben Sie anhand des Materials die Maße festgelegt, können Sie auch die Schüttgütermengen für den Unterbau berechnen.

Um an den Belagsrändern ein Abrutschen der Steine zu verhindern, muß der Unterbau an den Seiten jeweils etwa 10 cm breiter angeschüttet werden. Diese Fläche, also Wegbreite mal Weglänge, in Quadratmeter, malgenommen mit der Stärke des Unterbaus in Meter, ergibt die Menge der Schüttgüter in Kubikmeter.

Bedenken Sie auch, daß der Unterbau verdichtet werden muß. Bei einer 40 cm lose aufgeschütteten Schicht sind das 4 bis 5 cm bzw. 10 bis 15 Prozent des Materials. Diesen Posten müssen Sie sich also mehr liefern lassen. Bei einer Belagfläche von 25 qm und 40 cm starkem Unterbau brauchen Sie demnach 10 cbm Kies plus 1 bis 1,5 cbm. Die Ausgleichsschicht aus Splitt, Sand oder Mörtel, in welche Sie verlegen, verdichtet sich nicht.

Sie berechnet sich einfach Fläche mal Stärke des Auftrags (in vorgenanntem Fall 25 qm × 0,05 m = 1,25 cbm). Die Materialmenge für den Fugenschluß ist recht gering. Meist verwenden Sie dasselbe Material wie für die Ausgleichsschicht. Im Bedarfsfall lassen Sie sich eine kleine Menge nachliefern. Das ist weniger aufwendig, als zuviel geliefertes Material wegschaffen zu müssen.

Umrechnung für Schüttgüter (t/cbm)

Schüttgut (1 cbm)	Gewichte der lockeren Masse	
	erdfeucht	wasser-gesättigt
Sand	1,7 t	1,9 t
Kies	1,7 t	1,9 t
Kies-Sand	1,8 t	2,0 t
Splitt	1,5 t	1,7 t
Schotter	1,7 t	1,9 t
Traufkies	1,7 t	1,9 t
Wandkies	2,0 t	
Torf	1,1 t	3,0 t
Vergleich Eisen:		7,5 t

Kies- und Splittkörnungen

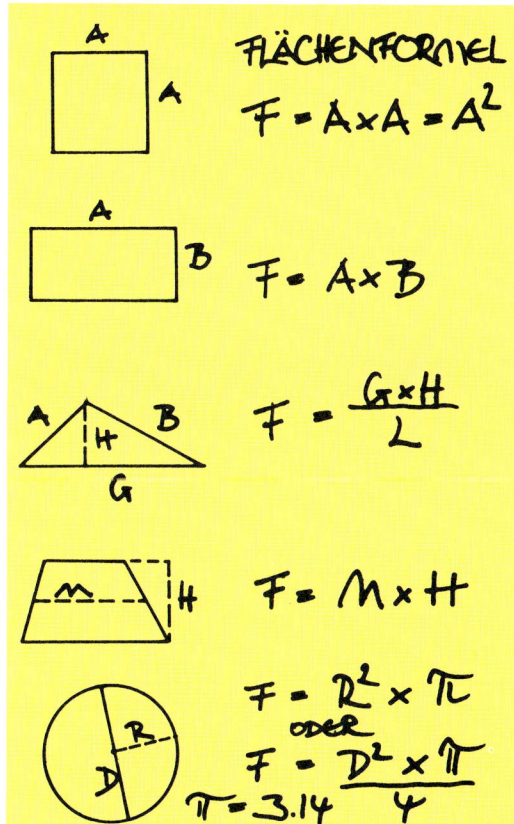

FLÄCHENFORMEL

$$F = A \times A = A^2$$

$$F = A \times B$$

$$F = \frac{G \times H}{2}$$

$$F = M \times H$$

$$F = R^2 \times \pi$$

oder

$$F = \frac{D^2 \times \pi}{4}$$

$$\pi = 3,14$$

Formeln zur Flächenberechnung

Rüttelstampfer

Mietgeräte

Das Erstellen fester Wegebeläge ist mit viel Arbeit verbunden. Hilfskräfte sind entsprechend teuer, oft ist es daher wirtschaftlicher, sich Maschinen auszuborgen. Mit ihnen können Sie in wenigen Stunden dieselbe Arbeit bewältigen, die, manuell erledigt, viel Zeit in Anspruch nehmen würde. Es lohnt sich, dafür mehr Zeit für die sorgfältige Verlegearbeit zu investieren.

Diese Maschinen sind verhältnismäßig einfach zu bedienen und über den Werkzeugverleih bzw. Baumaschinen- und Geräteverleih (Branchenbuch) zu mieten. Vom Abbruchhammer über Kleinlader, Minibagger, Rüttelplatte sowie Schubkarren bis zum Winkelschleifer gibt es für jede Arbeit das richtige Gerät. Fragen Sie beim Materialeinkauf Ihren Baustoffhändler, ob er mit einer Baufirma zusammenarbeitet und über ihn Geräte zu leihen sind. Denken Sie daran, daß es in manchen Fällen sinnvoll ist, die Geräte samt Bedienungspersonal zu bestellen. Der Fahrer eines Radladers oder Minibaggers kennt sein Gerät und arbeitet damit viel effektiver. Er kann Schäden an Hauswänden, Zäunen, Balkonen, Briefkästen etc. vermeiden. Sie müssen auch nicht alles von Anfang bis zu Ende selbst machen. Scheuen Sie sich nicht, für manche Arbeiten den Fachmann hinzuzuziehen. Das wichtigste Werkzeug finden Sie in der Werkzeugkunde aufgeführt.

Einige Bemerkungen vorab: die Fülle zu verwendender Werkzeuge täuscht. Für gute handwerkliche Arbeit ist weniger Werkzeug vonnöten als man denkt. Auf das Geschick kommt es an. Ein guter Pflasterer arbeitet ebenso gut mit einem ganz normalen Hammer, vielleicht benötigt er etwas mehr Zeit. Beim Werkzeugkauf gilt, lieber etwas weniger, dafür aber besseres Gerät zu wählen.

Steinsägetisch

Kleinlader

Rüttelplatte

Einige Anmerkungen zu Beton

Wer Kunststein für seinen Garten wählt, tut dies zunächst aus praktischen Erwägungen. Die schlichte Betongartenplatte erfüllt für einige Bereiche durchaus ihren Zweck. Für schwere bis schwerste Belastungen taugt sie jedoch nicht, und wer kann schon ausschließen, daß seine Garteneinfahrt nicht doch einmal von Baufahrzeugen oder Feuerwehr befahren wird. Im Winter kann der feuchte Sandunterbau vereisen, zudem taut Streusalz die Fuge und ihre unmittelbare Umgebung auf. Bei ungünstiger Belastung bricht die Platte. Sparsamkeit am falschen Ort kann sich schnell auf Ihre Kosten rächen. Wenn Sie zunächst für einen Wegebelag nicht viel ausgeben können, lohnt sich die Überlegung, ob es nicht zweckmäßiger wäre, nur aufzukiesen oder eine wassergebundene Decke zu erstellen.

Betonsteine sind zweckmäßig, im Privatgarten sind sie jedoch nur in den seltensten Fällen eine Augenweide. Sie sehen gut aus, wenn die Bauweise des Hauses rein funktionellen und nüchternen Gesichtspunkten folgt. Andernfalls kann Ihnen, was im Moment schlicht und pflegeleicht aussieht, in ein paar Jahren unschön und monoton erscheinen. Denn Betonstein ist ein ausdrucksloses Serienprodukt. Ein Stein ist gegen den anderen austauschbar und die Fugenführung starr schematisch. Eine Frage des Geschmacks sind auch Betonfabrikate, die durch Farbzugaben oder Oberflächenbehandlung Natursteinen ähnlich gemacht werden sollen. Die schlichte Betonplatte ist auf jeden Fall zeitloser.

Beton besteht aus Zement, Sand, Kies und Wasser in unterschiedlichen Mischungsverhältnissen, entsprechend seinem Verwendungszweck. Der feuchte Frischbeton wird in Formen gefüllt, verdichtet und erhärtet dann zu Verbundsteinen oder Betonplatten.

Starrer Betonbelag

Traditionelles Natursteinpflaster

Betonmischungen

Mischungsverhältnis

Zement	Kies	Sand	Wasser	Einsatzbereich
1	3	–	naß bis geschmeidig	schwere Beanspruchung (Fundamente, Wasserbecken, Zufahrten)
1	3–5	–	erdfeucht	mittlere Beanspruchung (Fundamente, Treppenstufen, Eingangspodeste)
1	4–8	–	erdfeucht	mittlere bis leichte Beanspruchung (Unterbau für Hölzer und Pflaster, Palisaden), Magerbeton
1	3–4	1–2	geschmeidig	Wege, Terrassen
1	–	3–4	geschmeidig bis erdfeucht	Estriche, Unterbau für Platten

Festbeton ist erhärteter Beton. Baustellenbeton wird auf der Baustelle gemischt, Transportbeton in einbaufertigem Zustand an die Baustelle geliefert. Mit der Hand können nur kleinere Mengen gemischt werden. Das Mischen muß immer auf fester, sauberer Unterlage (z. B. Schubkarre) erfolgen. Kiessand und Zement sollten Sie mindestens zweimal trocken durchschaufeln, bevor Wasser aus der Gießkanne mit Brause zugegeben wird. Zement darf nicht länger als zwei Monate gelagert werden. Lassen Sie ihn nicht ungeschützt im Freien liegen, er nimmt sonst Luftfeuchtigkeit auf und verliert an Festigkeit.

Empfehlenswert ist Traßzement, der ein Gemisch von feingemahlenem, vulkanischem Tuffstein und Zement ist. Traßzement hat einen geringen Kalkanteil und muß bei Arbeiten mit Klinkern sowie beim Verfugen anstelle des herkömmlichen Zements verwendet werden, um weiße Kalkausblühungen aus dem Stein oder der Fuge zu verhindern.

Größere Betonmengen mischt man rationeller mit der Maschine. Beim 150-Liter-Mischer wird man je Arbeitsgang etwa 0,10 cbm Beton mischen können. Sie sparen Kosten, wenn Sie sich eine Betonmischmaschine leihen (vgl. »Mietgeräte«, S. 10).

Um ein gleichmäßiges Gemisch zu erhalten, sollte die Mischzeit nach Zugabe aller Stoffe nicht unter einer Minute betragen. Beton sollte sofort eingebracht und bei Verwendung als Unterbau verdichtet werden. Das Verdichten geschieht mittels Handstampfer, bis die Oberfläche feucht und geschlossen ist. Das Abtrocknen sollte gleichmäßig und langsam erfolgen, deshalb ist es ratsam, bei Sonne und Hitze den Beton etwa drei Tage lang feucht zu halten (z. B. mit dünner Baufolie überspannen).

Betonform-steine

Pflastersteine aus Beton werden als Quadrat-, Rechteck- und Sechssecksteine hergestellt. Üblich ist eine Steinstärke von 6 oder 8 cm. Für hohe Belastungen sind Steine mit einer Stärke von 10, 12 oder 14 cm im Handel.

Gängige Größen sind bei Quadratpflastersteinen z. B. 10 × 10 cm oder 16 × 16 cm. Bei Rechtecksteinen u. a. 21 × 7, 20 × 10 und 24 × 16 cm. Sechssteine gibt es im Maß 20 × 23 cm und als Doppelsechseckstein. Für Auspflasterungen um Schachtabdeckungen und Wasserabläufe eignen sich Kleinpflastersteine aus Beton in den Abmessungen 5 × 6, 6 × 6 und 6 × 3 cm in der Stärke 6 oder 7 cm. Daneben sind im Handel Rondo-Rundpflastersteine von 7, 9, 11 und 13 cm Durchmesser und 8 cm Dicke. Unter Bezeichnungen wie »Dorfstraßen-Pflaster« oder »Rusto-Pflaster« sind Buntpflastersteine erhältlich, die als Wegebelag an die alten Zeiten erinnern. Große Bedeutung kommt im Garten- und Landschaftsbau unserer Tage den Verbundsteinen zu. Durch ihre gezackte Form greifen sie ineinander und verteilen die auftretenden Belastungen auf mehrere Steine. Durch den Verbund können sie nicht seitlich ausbrechen oder kippen. Für Abschlußkanten, Ecken und Kurvenführungen sind die erforderlichen Ergänzungssteine in den entsprechenden Ab-

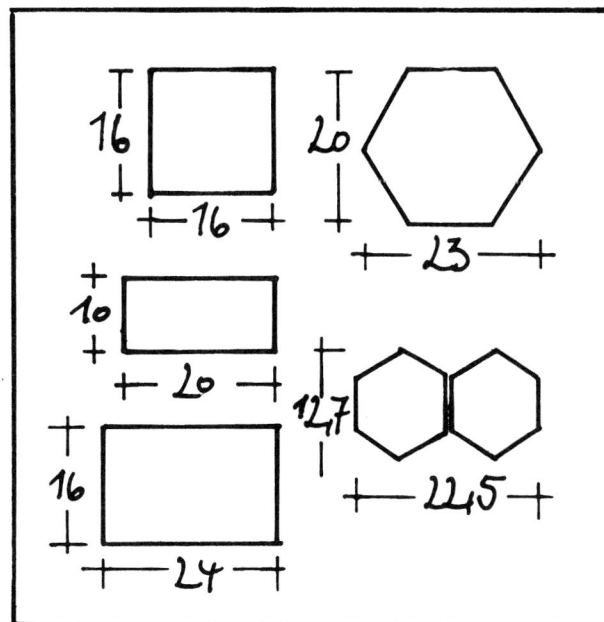

Geometrische Betonsteinformate

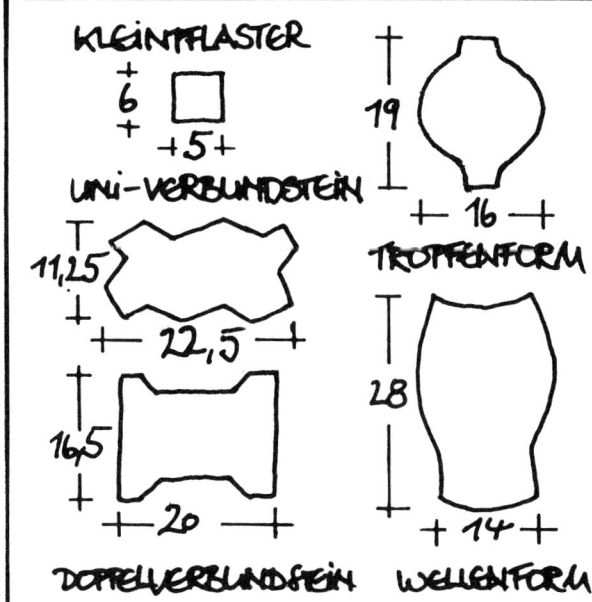

Verbundsteine

Materialkunde Kunststein

13

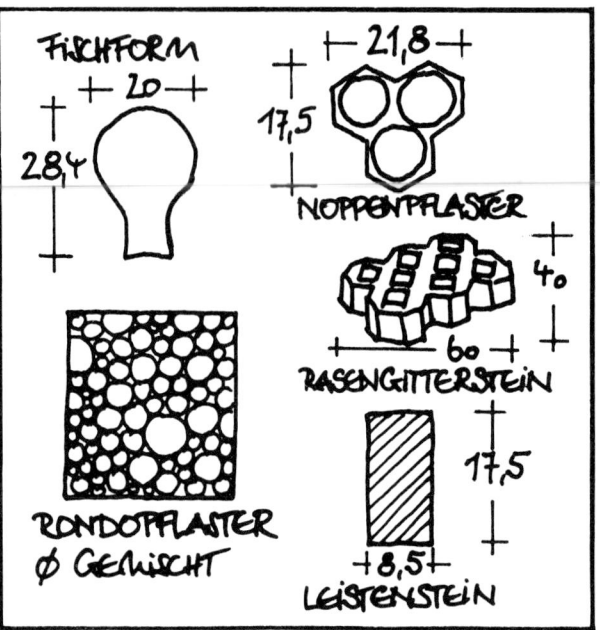

FISCHFORM

NOPPENPFLASTER

RASENGITTERSTEIN

LEISTENSTEIN

RONDOPFLASTER Ø GEMISCHT

Spezielle Formsteine

Im Handel übliche Betonformsteine

messungen erhältlich. Sie werden ebenfalls durch das Reißverschlußsystem des Verbunds gehalten, so daß eine spezielle Randausbildung mit Kantensteinen nicht erforderlich ist. Wegekrümmungen können durch spezielle ganze Kurvensätze ausgebildet werden.

Verbundpflastersteine sind in den verschiedensten Formen auf dem Markt. Am bekanntesten sind der Uni- und Doppelverbundstein. Daneben gibt es Rundverbundsteine in Wellen-, Tropfen- und Fischform sowie Noppenpflastersteine in Dreier- und Vierersegmenten. Die gängige Steinstärke ist bei Verbundsteinen ebenfalls 6 bzw. 8 cm. Die meisten Betonformsteine gibt es mit einer an der oberen Kante umlaufenden Abschrägung, der sogenannten Fase, um Kantenschäden zu vermeiden.

Rasengittersteine sind durchbrochene Formsteine. Mit ihnen läßt sich eine Wegedecke erstellen, die sowohl durchgrünt als auch befahrbar ist. Erhältlich sind sie 12 cm stark mit den Maßen 30 × 30, 45 × 30 und 60 × 40 cm. Rasenverbundsteine gibt es in der Größe 33 × 20 × 10 cm. Der Wege- oder Hofbelag ist in sich um so stabiler, wenn er mit Kanten- oder Leistensteinen eingefaßt wird. Dies gilt insbesondere bei Belastung durch Fahrzeuge. Verbundwirkung allein reicht in vielen Fällen nicht aus. Zu diesem Zweck sind Kanten- bzw. Leistensteine in Baulängen von 0,5 oder 1 m auf dem Markt. Sie sind in der Regel 8 cm breit und zwischen 17,5 und 30 cm hoch. Betondielen bzw. Beeteinfassungen sind mit 6 cm Breite zu schwach, um mit PKW-Rädern befahren werden zu können.

Betonplatten

Betonplatten gibt es genormt als Gehwegplatten in den Größen 30 × 30, 35 × 35, 40 × 40 und 35 × 17,5 cm, jeweils 5, seltener 4 cm stark. 6, 5, 8 oder 10 cm stark sind sie im Handel für schwere Belastungen erhältlich.

Unter dem Sammelbegriff Garten- oder Terrassenplatten werden Betonplatten mit unterschiedlichen Formaten und Oberflächen zusammengefaßt, die für Fußgängerbelastung geeignet sind. Die Formate 40 × 40, 60 × 40 und 80 × 40 cm sind am gebräuchlichsten. Für die Formate 40 × 20 und 40 × 30 cm verlangt der Händler meist einen Aufpreis, für das Zuschneiden auf das gewünschte Plattenmaß in jedem Fall. Sie sparen sich damit aber auch viel Zeit und Mühe, die Sie für andere Arbeiten gut gebrauchen können. Eine Plattenstärke von 5 cm ist die Regel, es gibt aber auch 6 bzw. 7 cm starke Platten.

Einfache Betongartenplatten erhalten teilweise eine Oberflächenbehandlung, wodurch die lebhafte Struktur eines Natursteins nachempfunden werden soll. Sandgestrahlte Oberflächen erzielen eine optisch ansprechende Wirkung.

Die klassische Gartenplatte erhält zudem häufig eine etwa 2 cm starke Auflage, den sogenannten Vorsatzbeton. Er soll der Platte das Aussehen des Natursteins verleihen.

Die weithin gebräuchliche Waschbetonplatte ist ein typisches Beispiel für diese Methode: Durch Einstreuung von Rundkorn verschiedenster Körnung erhält die Trittfläche ihre Struktur. Häufig sind auch Farbzugaben. Damit ist die Varia-

Römischer Verband: Betonplatten

Römischer Verband: Natursteinplatten

tionsbreite an Gartenplatten schier grenzenlos. Seit einigen Jahren werden zudem Kleinpflaster- und Riemchenpflasterplatten im Handel angeboten.

Gartenplatten werden in den verschiedensten Mustern mit und ohne Kreuzfuge verlegt. Schlicht und schön sehen einfache Betonplatten verschiedener Größe aus, verlegt im »Römischen Verband« (vgl. obenstehende Abbildungen).

In leicht wechselnder Farbigkeit sind sie für das Auge von angenehmer Wirkung.

Findlingslager

Mosaikpflaster mit Polygonalplatten

Bruchplatten mit Rasenfuge

Ästhetische und praktische Gesichtspunkte

Für Ihren Garten gibt es nichts Schöneres als ein solides Natursteinpflaster. Gut verlegt gehört es zu den dauerhaftesten Gartenbelägen und hält ein ganzes Leben lang. Bei entsprechendem Unterbau kann das Natursteinpflaster auch mit schwersten Fahrzeugen belastet werden. Es ist zu jeder Zeit griffig und das Tagwasser kann dem Belag nichts anhaben. Wenn Senkungen auftreten, können Sie ohne viel Aufwand und ohne Materialverlust den Belag wieder einebnen.

Sie sparen sich Mehrkosten für Gartenzubehörteile, wenn Sie beim Verlegen daran denken, abgerundete oder kantige Aufwölbungen oder Absenkungen in die Pflasterung zu integrieren. Auf diese Weise können Sie Pflanztröge, Sandgruben für Kinder, Wasserbecken u. v. m. entstehen lassen.

Aussparungen für Bäume, sogenannte Baumscheiben, sind bei diesem Belag leicht möglich. Nach der Pflanzung empfiehlt sich lockeres, hoch aufgewölbtes Aufpflastern über dem Wurzelbereich. Das schädliche Begehen der ausgesparten Erdflächen um den Baumstamm herum wird damit verhindert.

Beläge aus Kunststein wollen stets gepflegt sein. Das Natursteinpflaster wie auch die Bepflanzung im Garten büßen nichts an Reiz ein, wenn sie nicht immer tipptopp gepflegt sind. Ganz im Gegenteil, individuelle Wirkung des Natursteins und verwildertes Grün steigern sich gegenseitig in ihrer Wirkung. Wenn möglich, sollten Sie Natursteine aus Ihrer näheren Umgebung wählen. Steine aus anderen Gebieten harmonieren weniger gut mit hiesigen landschaftlichen Gegebenheiten. Dabei ist zu merken, daß Hartgesteine nahezu unbeschränkt, dichte Kalksteine und Kalktuffsteine sehr gut haltbar sind. Alle kohlensauren, Kalk enthaltenden Gesteine sind nicht säurebeständig.

Von den Sandsteinen sollten Sie nur die harten Arten verwenden, da ständige Durchfeuchtung von der Erde her vorhanden ist. Am haltbarsten sind die mit Kieselsäure verkitteten Sandsteine. Bilden Sie unregelmäßige Muster aus ungleichen Formaten, Sie erhalten dadurch eine bessere Verbundwirkung des Belags.

Natursteinpflaster ist funktionell sinnvoll, es dient aber nicht nur dem simplen Zweck der Bodenbefestigung, sondern besitzt ästhetischen Wert. Kein Stein gleicht haargenau dem anderen. Außerdem ändern Pflasterungen aus Naturstein, zumal wenn verschiedene Materialien zum Einsatz kommen, ständig ihr Aussehen, je nach Witterung. Gerade bei schlechtem Wetter sind sie am schönsten.

Naturstein muß nicht unbedingt massiv eingesetzt werden. Er dient der gefälligen Gliederung Ihrer Gartenanlage, auch wenn Sie ihm nur da und dort seine Wirkung lassen: als Begrenzungskante, Wasserrinne oder Teilstück einer großen Platzfläche. Gerade wenn Sie die Bepflanzung in Ihrem Garten eher spärlich halten wollen, ist Naturstein angebracht. Durch seine leicht variierende Oberflächengestaltung und Farbe, den nie gleichen Umriß, bringt er lebendigen Ausdruck in Ihren Garten. Dazu gehören auch die vielfältigen Möglichkeiten der Verlegeart. Mit Naturpflastersteinen kann man regelrecht spielen und interessante Blickfänge für den Betrachter gestalten (z. B. Halbkreise, Kreise, Dreiecke).

Großflächige, regelmäßig verlegte Flächen lassen sich auflockern, wenn in Aussparungen zwischen den Steinen niedrige Pflanzen wuchern dürfen. Durch die ungleichmäßigen Kanten des Natursteins entstehen beim Verlegen ganz von selbst ungleich breite Fugen, die dem Auge wohltun. Besonders deutlich wird der Reiz des Natursteinpflasters beim sogenannten Wildpflaster, das heute wieder zu Ehren kommt. Lesesteine oder größere Pflastersteinsplitter wechselnder Größe und Form werden in ein Gemisch aus Sand und Splitt verlegt, wie sie gerade zusammenpassen. Verfugen Sie das Wildpflaster nicht mit Mörtel, das würde die dekorative Wirkung nur aufheben.

Detail mit Steckkieseln

Bruchplatten auf Paletten

Materialkunde Naturstein

Steinformate

Großsteinpflaster

Kleinsteinpflaster

Die Steinformate werden gemäß den Liefe-
rungsbedingungen für die Abmessungen von
Pflastersteinen aus Naturstein bereits in den
Steinbrüchen zugerichtet. Handelsüblich unterscheidet man zwischen Groß-, Klein- und Mo-
saikpflastersteinen. Großpflaster wird häufig für
Bundsteinwegekanten bei Einfahrten verwendet
bzw. für die Einfahrt selbst. Die Steine erhalten
Abstände von 4 bis 5 cm. Diese werden mit
einem Erde-Sand-Gemisch ausgefugt und mit
Rasensaatgut eingesät. Dadurch entsteht ein
Rasenpflaster, das mit dem Auto befahrbar ist
und bei eventuellem Schotterunterbau auch
schwere Fahrzeuge trägt.

Die Einteilung von Großsteinpflaster erfolgt in
drei Güteklassen und mehrere Größenklassen:
Güteklasse A:
Toleranz in den Abmessungen ± 1 cm
Flächenverhältnis Fuß/Kopf mindestens 3:4
Güteklasse B:
Toleranz in den Abmessungen ± 1 cm
Flächenverhältnis Fuß/Kopf mindestens 2:3
Güteklasse C:
Toleranz in den Abmessungen ± 2 cm
Flächenverhältnis Fuß/Kopf mindestens 2:3
Bearbeitung roh gespalten.

Die im Handel gängigen Größen bezeichnen
sich 13/15, 15/17 und 17/19 cm. Es sind damit
Würfel gemeint in den Abmessungen 14 × 14,
16 × 16 und 18 × 18 cm. Die Kantenlänge variiert dabei um ± 1 cm, da Natursteine nicht ganz
exakt gebrochen werden können.

In der Größensortierung 13/15 cm gibt es also

Das kleinste Format: Mosaiksteine

Steine, die genau 14 × 14 cm groß sind, aber auch solche, die bis zu 13 × 15 cm messen. Bei 15/17er Steinen benötigen Sie etwa 36 bis 40 Steine pro Quadratmeter. Vereinzelt sind quaderförmige Großpflastersteine auf dem Markt mit Längen bis zu 28 cm.

Kleinpflaster wird meist maschinell mit Hartmetallkeilen gebrochen, dennoch gibt es gewisse Formatunterschiede je nach Hersteller. Gebräuchlich sind die Größen 9/11, 8/10, 8/11, 7/9 und 7/10 cm. Wie bei Großpflaster gilt: Die Steine sind annähernd würfelförmig, mit Abmessungstoleranzen nach oben und unten. Bei einer Kantenlänge von 9 bis 11 cm benötigen Sie etwa 100 bis 110 Steine pro Quadratmeter. Das Kleinpflaster ist der am meisten verwendete Pflasterbelag in Gärten und Grünanlagen, da es sehr ansprechend aussieht und bei ausreichendem Unterbau jeder Belastung gewachsen ist.

Auch das Mosaikpflaster, die kleinste Pflastergröße, wird im Maschinenschlag hergestellt. In der Regel sind Mosaikpflastersteine in den Größen 6/8, 5/7, 4/6 und 3/5 cm erhältlich. Bei der Kantenlänge 5 bis 7 cm kommen etwa 270 bis 290 Steine auf einen Quadratmeter. Mosaikstein gehört zu den Pflasterarten, mit denen sich spielerisch umgehen läßt und die phantasievolle Eigenkreationen möglich machen.

Klein- und Mosaikpflaster wird häufig in Bögen verlegt, deshalb sind neben den würfelförmigen Steinen auch solche mit Zwischengrößen und trapezförmigen Köpfen nötig.

Wenn Sie Großpflaster mit versetzten Fugen verlegen, brauchen Sie sogenannte Bindersteine, um einen glatten Randabschluß zu erreichen. Bindersteine sind etwa 1,5-fach länger als normale Steine und schließen dadurch die Restfläche zum Rand. Achten Sie beim Händler darauf, daß etwa 10 Prozent der eingekauften Menge Bindersteine sind.

Leider bieten nur wenige Händler Wildsteinpfla-

Mosaik- und Kleinsteinpflaster

Steckkiesel auf Lager

Bindersteine

Materialkunde Naturstein

19

Fantasievolle Kleinsteinverlegung

Findlinge am Wegrand

ster an. Die unregelmäßigen Steine sind nach groben Größenordnungen vorsortiert, gebrochene Steine eingeschlossen. Der Verkauf erfolgt nur nach Gewicht. Die Größen- und Gewichtsverhältnisse von Wildsteinpflaster entsprechen etwa denjenigen von Kleinpflastern.

Sehr hübsch ist auch Kieselsteinpflaster. In manchen Gegenden ist es heute noch üblich, mittelgroße Kieswacken geteilt oder ungeteilt zu Pflaster zu verlegen. Dabei verzichtet man auf ein weiteres Bekanten, so daß längliche bis rundliche Einzelstücke mit größeren Fugen einen sehr interessanten Verband ergeben.

Im Kieswerk bekommen Sie Kiesel in verschiedensten Körnungen. Als Pflastermaterial empfiehlt sich die Körnung 32 bis 64, 64 bis 100 bzw. 64 bis X mm. Näher im Gebirge gelegene Kieswerke haben die größeren Kiesel auf Lager. Je weiter die Flüsse ins Tiefland vordringen, desto kleiner sind auch die Flußkiesel. Auch manche Händler haben Kiesel vorrätig, meist sortiert nach ihrer jeweiligen Herkunft und Farbe.

An dieser Stelle noch zwei Begriffe, die im Natursteinhandel immer wieder verwendet werden. »Findlinge« sind vom Gesteinsverband gelöste, von Flüssen weit transportierte und daher gerundete Felsen. »Katzenköpfe« werden große Steckkiesel genannt mit Durchmessern von 10 bis 15 cm. Pflastersteine allgemein werden nach Gewicht angeboten, alternativ nach Flächeneinheit (qm). Für Ihre Bestellung ist Ihnen im Kapitel »Materialeinkauf« (S. 6) eine Tabelle beigegeben. Sie gibt Ihnen auch Auskunft über die benötigte Kilomenge und die Materialkosten je Quadratmeter.

Für Pflaster gebräuchliche Gesteinsarten

Die Natursteine werden aus etwa 40 gesteinsbildenden Mineralien aufgebaut. Die Art der Zusammensetzung eines solchen Gemenges entscheidet über die Dauerhaftigkeit des Werksteins, seine Bearbeitbarkeit und seine Farbe. In nachfolgender Aufstellung finden Sie die für Pflaster gebräuchlichen Gesteinsarten samt einer Kurzcharakteristik aufgeführt. Auch seltener vorkommende Gesteine sind verzeichnet und mit einem Stern (*) markiert. Sie sind meist sehr schön und zweckmäßig, in der Regel jedoch nur noch gebraucht zu bekommen.

Granit: fein- bis grobkörnig; Bearbeitbarkeit je nach Körnung; nahezu unbeschränkte Haltbarkeit; reiche Farbskala; bekanntestes und häufig vorkommendes Tiefengestein.

Gneis: Art schiefriger Granit mit geschichteter Struktur; schwer, aber sehr genau zu bearbeiten; sehr hohe Haltbarkeit; schwarz, anthrazit, weiß mit grauen oder grünen Einschlüssen, braun durch Eisengehalt, rostend; Schweiz, Österreich, Italien.

Quarzit: grob- oder feinkörnig, plattig geschichtet; besonders hart und dauerhaft, jedoch wegen des hohen Glimmeranteils gut spaltbar; hellgrau, dunkelgrau, grün und weiß, jeweils schillernd durch Quarzanteile; Schweiz, Österreich, Italien.

Granit, Gneis und Quarzit sind Hartgesteine von höchster Haltbarkeit. In Deutschland sind bedeutende Vorkommen in der Oberpfalz, im Fichtelgebirge, im Bayerischen Wald, im Harz, im Odenwald, im Spessart und im Schwarzwald zu finden. Vereinzelt auch in der Norddeutschen Tiefebene. Weitere Hartgesteine sind:

*Syenite und Diorite: fein- bis grobkörnig; mittel bis schwer zu bearbeiten; sehr haltbar, dauerhaft; dunkelgrün bis schwarz; Oberpfälzer Wald.

*Gabbro: grobkörnig; mittelschwere Bearbeitbarkeit; sehr hart und wetterbeständig; einheitlich grau bis grün; Harz, Nordostbayern.

Porphyr: gleichmäßig feinkörnig; verschieden schwere Bearbeitbarkeit; zähes, dauerhaftes Gestein, jedoch nicht absolut frostfest; einheitlich rötlich, gelblich, grünlich, gräulich; Italien, auch Harz, Odenwald, Schwarzwald, Hunsrück.

*Diabas: mittelkörnig; schwer zu bearbeiten; sehr dauerhaft und wetterbeständig; dunkelgrün, weißgrün; Harz, Fichtelgebirge.

Basalt: sehr feinkörnig, splittrig; schwer zu bearbeiten; sehr haltbar; grau bis schwarz, dunkelgrün; Vogelsberg, Westerwald, Eifel, Rhön.

*Melaphyr: feinkörnig; schwere Bearbeitbarkeit; hohe Haltbarkeit; sehr schöner, grau-grün-roter Stein; Hunsrück.

Basalttuff: zählt ebenfalls zu den Hartgesteinen, wird nur zu Platten gesägt verarbeitet.

Von den Weichgesteinen finden Verwendung als Pflasterbelag:

Dolomite: feinkörnig; gut bearbeitbar; härtestes Kalkgestein und sehr wetterbeständig; weiß bis gräulich; polierfähig; Schwäbische Alb, Oberbayerische Alpen, Franken, Hessen, Bayerisches Donaugebiet, Italien, Österreich.

Marmor: kristalliner Kalk, sehr gute Bearbeitbarkeit; hohe Haltbarkeit; weitgestreute Farbpalette, polierfähig; häufiges Vorkommen.

Ruhrsandstein: feinkörnig; gute Bearbeitung; sehr dauerhaft; blau- bis gelbgrau und bräunlich; Westfalen.

Als Verwandte ist die ***Grauwacke** des Bergischen Landes, des Harzes und vom Elsaß zu erwähnen. Sie ist feinkörnig, grau mit dunklen Gemengteilen und teilweise sehr hart.

Gesteinsarten

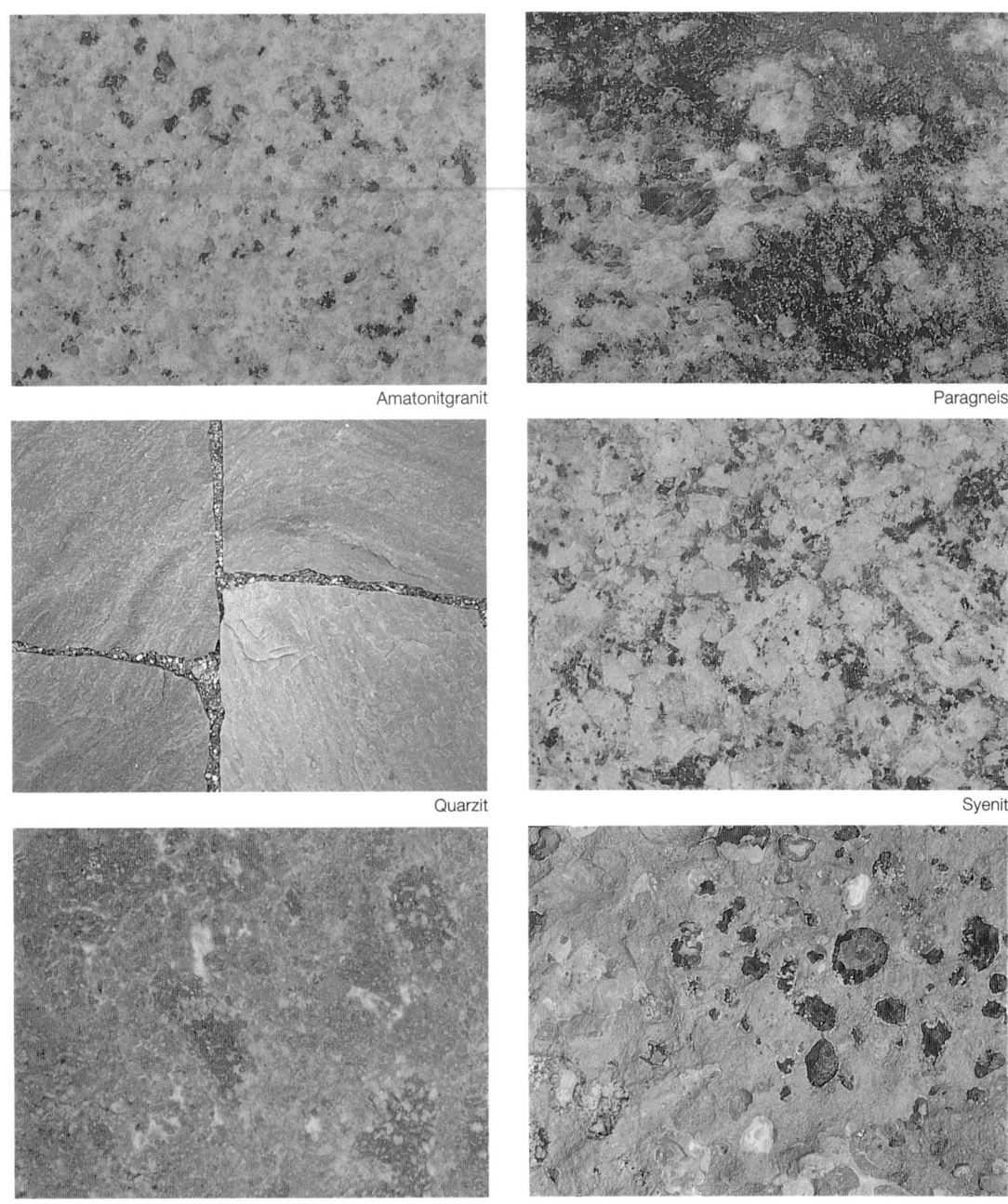

Amatonitgranit

Paragneis

Quarzit

Syenit

Diabas

Melaphyr

Natursteinplatten

Natursteinplatten wurden früher durch Abkeilen gewonnen. Heute werden mehr und mehr gesägte Platten auf den Markt gebracht. Abgespaltene Platten sind optisch reizvoller als gesägte, durch ihre interessante Oberflächenstruktur und die bruchrauhen Saumkanten. Das Sägen von Platten hat dagegen vor allem funktionelle Vorteile. Es können großflächigere Platten in beliebiger Stärke hergestellt werden, die durch ihre exakt ebene Oberfläche auch in Innenräumen verlegt werden können. Wer ungleichmäßige Umrißkanten vorzieht, bekommt die gesägten Platten auch handbekantet.

Neben rechteckig gebrochenen oder gesägten Bahnenplatten gibt es auch scherbenartige Bruchplatten, sogenannte Polygonalplatten. Allgemein gilt, daß die Plattengröße mindestens 0,25 qm betragen sollte, besser sind auf jeden Fall größere Formate ab 0,33 qm.

Große Platten ergeben eine ruhigere Wirkung und standsicherere Flächen. Das gilt insbesondere bei der Verwendung von polygonalen Stücken. Bahnenware ist im Handel in fixen Breiten mit Überlängen erhältlich, d. h. die Länge ist gleich die Breite oder größer. Die Regel sind Breiten ab 10 bis etwa 60 cm in 5-cm-Abstufungen. Angeboten werden Platten aus den Hartgesteinen Gneis (in allen Variationen als Bruchplatten), Granit (meist nach Maß), Quarzit, Porphyr und Basalttuff (siehe dazu voriges Kapitel). Ebenso gut geeignet sind für Plattenbeläge Weich- bzw. Schichtgesteine. Dazu nachstehende kurze Beschreibung.

Kalkgesteine: dazu gehören u. a. Muschelkalk, Travertin, Kalktuffe, Plattenkalke, Marmor. Kalkgesteine sind aufgrund ihrer verschiedensten mineralischen Beimengungen sehr unterschiedlich in Dauerhaftigkeit, Struktur und Färbung. Helle, gelblich-graue Töne herrschen vor. Vorkommen in fast allen europäischen Ländern.

Muschelkalk: geeignet nur für den Innenbereich, da von grobkörniger bis hohllöcheriger Struktur; gut zu bearbeiten; unbeschränkt haltbar; grau bis bläulich, hellgrau bis gelblich, mitunter goldgelbe Einschlüsse, polierfähig; sehr ausgedehnte Vorkommen, u. a. Maingebiet bei Würzburg.

Travertin: stark wechselnde Struktur, dicht und einheitlich bis porös; gut zu bearbeiten; Haltbarkeit je nach Struktur verschieden; gelb, ocker bis braun; Stuttgart-Bad Cannstatt, Schwäbische Alb, Italien.

Kalktuffe: zunächst weich und porös, nach der Bearbeitung härten sie binnen einiger Wochen aus; reizvolle Struktur; leicht bearbeitbar; dauerhaft; zurückhaltende Färbung, weiß/gelb; Schwäbische Alb, Oberbayern, Maingebiet, Eifel.

Plattenkalke: stark geschichtetes Gestein; gute Bearbeitbarkeit; beschränkte Haltbarkeit im Freien, unbeschränkt haltbar, wenn keine Feuchtigkeit hinzu kann; weißlich bis gelblich; bekannt ist u. a. der Solnhofener Kalkschiefer.

Nagelfluh: durch Verkittung von Rollschotter entstanden; schwere Bearbeitbarkeit; sehr hart und haltbar; grau, gelblich; Vorkommen an der Basis von Hochgebirgen und in gebirgsnahen Flußtälern.

Sandsteine: uneinheitliche Struktur, fein- bis grobkörnig, z. T. mit Hohlräumen; gute Bearbeitbarkeit; Haltbarkeit je nach Mischung der Mineralien und ihrer Verkittung; viele Färbungen: Rottöne, hellbraun, gelblich, grünlich; viele Vorkommen: u. a. Elbe, Weser, Main, Neckar, Süd-Westfalen, Nordrand der Mittelgebirge.

Gesteinsarten

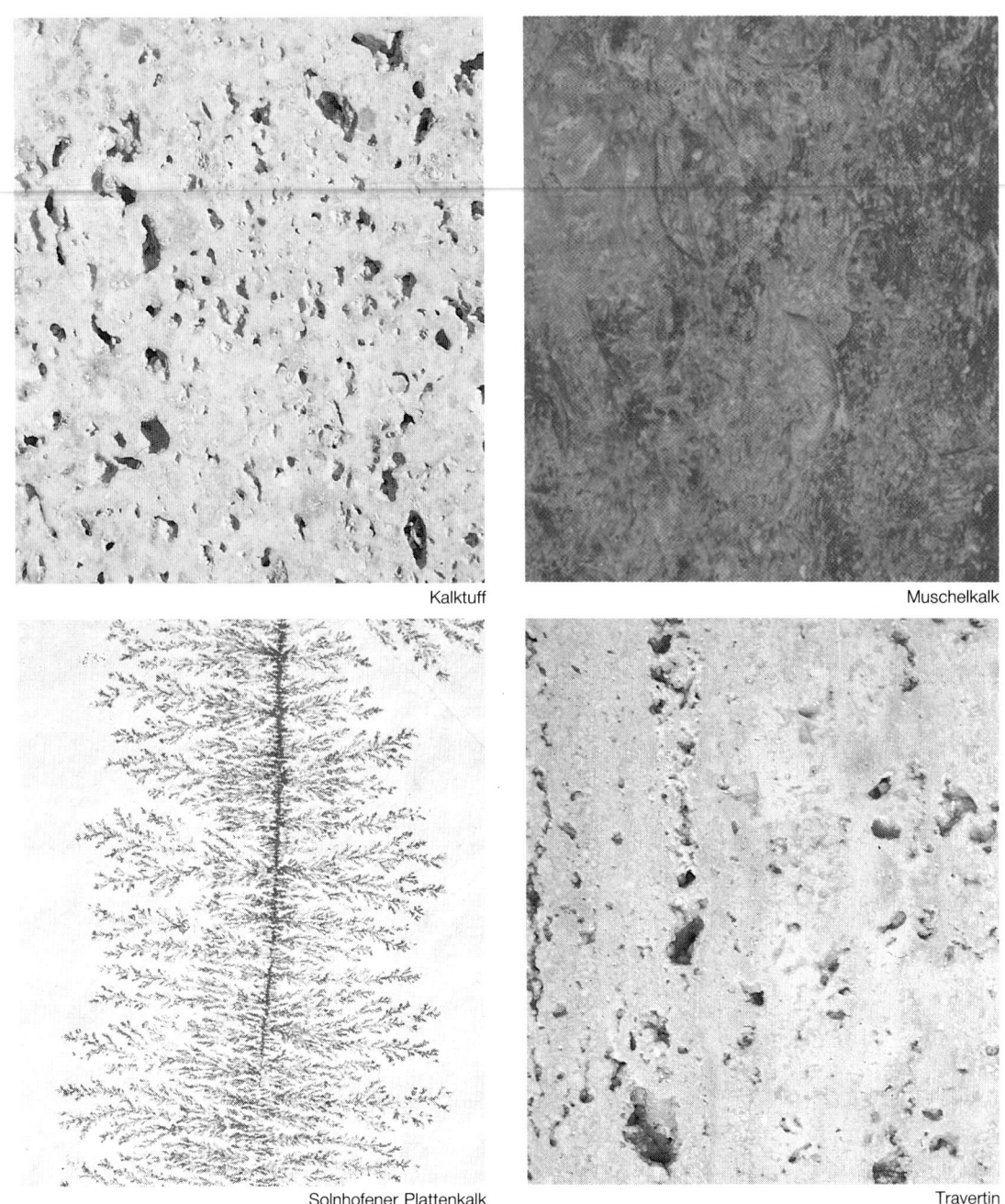

Kalktuff

Muschelkalk

Solnhofener Plattenkalk

Travertin

24

Kies, Schotter, Sand

Die sogenannten Schüttgüter Kies, Schotter und Sand sind mineralische Gemenge aus in der Natur vorkommenden Gesteinen. Ihre Mengenberechnung erfolgt in Kubikmeter oder nach Gewicht in Tonnen. Man unterscheidet gebrochene Materialien (Splitt bzw. Schotter) von ungebrochenen (Sand, Kies). Sie werden gesiebt nach Korngröße ab Kieswerk verkauft. Kiese gibt es in den Korngrößen 4/8, 4/16, 4/32, 8/12 usw. bis 32/X. Gemeint ist mit der Bezeichnung die Größe des kleinsten/größten Korns in Millimeter.

Feine Kieskörnungen dienen als Zierkiese, zum Abstreuen einer wassergebundenen Decke etwa. Mittlere bis grobe Körnungen werden zum Verfüllen von Schächten verwendet, da sie sich nicht mehr nachverdichten.

Schotter ist wie Kies zu verwenden. Sie können die feineren Körnungen 2/5 oder 5/8 dazu verwenden, direkt darauf Platten zu legen bzw. darin zu pflastern. Gröberes Material (z. B. Bahn- oder Straßenschotter) wird zum Auffüllen von Wegebereichen sowie Plätzen genommen. Durch die kantige, gebrochene Beschaffenheit verkeilen sich die Steine gut untereinander. Tragschichten aus Schotter sind sofort belastbar und sehr fest. Gebrochener Schotter aller Korngrößen härtet unter Einwirkung von Wasser (Bodenfeuchte, Niederschlag bzw. gezielte Zugabe) stark aus. Bindemittel ist der durch das Brechen freigewordene Kalk aus dem Grundgestein. Daraus läßt sich Nutzen für einen kostengünstigen, einfach zu erstellenden Wegebelag ziehen, die sogenannte wassergebundene Decke. Ihr wesentlicher Bestandteil ist grobkörniges, in Schichten gestuftes Gestein, in das mit Wasser Sand eingeschlämmt wird, um die Hohlräume zu füllen.

Sande haben eine Korngröße von unter 8 mm. In Natursand können Sie direkt verlegen. Wenn

Frostschutzkies lagernd

Förderbänder im Kieswerk

Sandarten

Materialkunde Naturstein

25

Wassergebundene Decke

Ihnen Beton aus Kiesen für Ihre Verlegearbeiten zu grob erscheint, dann verlegen Sie in ein Mörtelbett aus Natursand. Schweiß- oder Quarzsand ist optimal geeignet zum Schlämmen von Mauer- oder Treppenansichten.

Tragen Sie nie mehr als eine millimeterdünne Schicht auf. Mit Zement und Wasser angemacht, lassen sich mit Schweiß- oder Quarzsand lose, ehemals gemörtelte Platten und Steine wieder ankleben. Brech- bzw. Quetschsand verwenden Sie für die wassergebundene Decke oder zum Fugenschluß bei Pflaster, da er aushärtet. Beim Verfugen, speziell bei Klinker, ist jedoch Vorsicht geboten: durch hohen Kalkanteil im Brechsand können Kalkschleier auf dem Belag verbleiben oder Kalkausblühungen in den Fugen auftreten. Wenn Sie ein bißchen Grün in den Fugen nicht stört, verwenden Sie besser Natursand zum Verfugen.

Körnungen für Sand, Splitt, Kies und Schotter

Betonsand	0/4 mm Rundmaterial
Estrichsand	0/8 mm Rundmaterial
Brechsand	0/3 mm gebrochenes Material
Edelsplitt	2/5 mm gebrochenes Material
	5/8 mm gebrochenes Material
Splitt	16/32 mm gebrochenes Material
Schotter	32/56 mm gebrochenes Material
Zierkies	4/8 mm Rundmaterial
	8/16 mm Rundmaterial
Traufkies	32/63 mm Rundmaterial
	32/X mm Rundmaterial
Frostschutzkies	0/16 mm Rundmaterial
	0/32 mm Rundmaterial
Wandkies	0/X mm ungewaschenes Rundmaterial
	0/35 mm ung. Rundmaterial

Klinker

Klinker auf Paletten

Klinkerpflaster ist in den letzten Jahren zu einem sehr beliebten Wegebelag geworden. Klinker sind Formsteine aus Ton, die bis zur Sinterung, d. h. bis zur beginnenden Verglasung, gebrannt werden. Die hieraus entstehenden, ungelochten Vollziegel sind in der Regel frostsicher und sehr widerstandsfähig. Sie sollen frei von Hohlräumen und Rissen sein. Oberflächenrisse beeinträchtigen nicht die Verwendung der Klinker.

Der Handel bietet eine Fülle von verschiedenen Formaten und Färbungen an. Rot- und Brauntöne herrschen vor, es gibt aber auch blaue und schwarze Steine. Wenn Sie die dunklen, gedeckten Farben vorziehen, denken Sie daran, daß sich ein dunkler Wegebelag tagsüber stärker aufwärmt als ein heller, dafür aber die Wärme an kühlen Sommerabenden länger wieder abgibt. Farbabweichungen von Palette zu Palette sind möglich, lassen Sie sich also die Klinker Ihrer Wahl aus mehreren Paletten mischen.

Verbundklinker

Es gibt Pflasterwürfel bzw. quadratische Platten In den Größen 6 × 6 bis 40 × 40 cm mit einer Stärke von 3 bis 7 cm. Bei den rechteckigen Formaten sind neben den traditionellen Maßen 25 × 12 × 6,5 cm (altes Reichsformat), 24 × 11,5 × 7,1 bzw. 5,2 cm (Normal- bzw. Dünnformat) und 22 × 10,5 × 5,2 cm (Oldenburger Format) je nach Händler verschiedene Größen auf dem Markt. Sogenannte »Riemchen« haben die Abmessungen 24 × 6 × 6,2 cm; es werden auch Verbundpflasterklinker in Doppel-T-Form 24 × 11,5 cm gefertigt. Größenabweichungen vom Sollmaß sind bis zu

Verschiedene Klinkerformate

Hollandklinker hochkant

4 Prozent nach unten oder oben zulässig. Neben den deutschen Klinkerformaten hat Ihr Händler holländische Pflasterklinker vorrätig. Die holländischen Formate nennen sich: Kei 19,5 × 8,5 × 9,2 cm; Platkei 19,5 × 8,5 × 7,0 cm; Dik 19,5 × 8,5 × 6,4 cm; Waal 19,5 × 8,5 × 4,8 cm; Tegel 19,5 × 19,5 × 6,8 cm. In der Regel sind Klinker ab 5 cm Stärke mit dem PKW belastbar. Die nachstehende Tabelle nennt Ihnen die benötigte Zahl der Steine je Quadratmeter Klinkerdecke für verschiedene Größen. Um Pflasterklinkern ein möglichst natursteinnahes Aussehen zu geben, wird die Oberfläche häufig strukturiert (Handstrich, besandet, Waffelmuster und dergleichen mehr) oder die sichtbare Kante abgeschrägt (Fase).

Die nicht optimal gefertigten Steine kommen den gebrochenen Naturmaterialien an Reiz jedoch am nächsten; ebenso sehen fehlgebrannte Steine oft schöner aus als penetrant rote.

Die Klinker können bei Anordnung in Reihen knirsch, d. h. ohne Fugen, verlegt werden. Jedoch sollten Sie dabei den optischen Reiz einer schmalen, mit Sand ausgefegten Fuge bedenken. Die verschiedenen Verbände unterscheiden sich in ihrer Festigkeit nicht. In den Grundkursen finden Sie einige Verlegemöglichkeiten von Pflasterklinker skizziert.

Klinkerbedarf je qm Klinkerdecke

6 × 6 cm	264	25 × 12 cm		32
11 × 11 cm	82	24 × 11,5 cm		35
15 × 15 cm	44	22 × 10,5 cm		42
18 × 18 cm	29	24 × 11,5 cm		42
20 × 20 cm	23	(Verbundstein)		
21 × 21 cm	22	19,5 × 8,5 cm		56
24 × 24 cm	16	19,5 × 19,5 cm		25
40 × 40 cm	6	24 × 6 cm		65
		(»Riemchen«)		

Alte Gehwegklinker

Holz – ein natürlicher Baustoff

Holz ist ein natürlicher Werkstoff, der im Außenbereich besonders gut zur Geltung kommt. Harmonisch fügt es sich in das umgebende Grün des Gartens. Handelt es sich doch bei Holz um ein organisch gewachsenes Produkt. Holz hat die angenehme Eigenart, auf natürliche Weise zu altern. Es setzt Patina an, ohne seine guten technischen Eigenschaften einzubüßen.

Soll Holz als Baustoff im Garten verwendet werden, dürfen seine spezifisch »biologischen« Merkmale nicht aus dem Blickwinkel geraten. Die holztypischste Eigenschaft ist das ständige Angleichen an die umgebende relative Luftfeuchtigkeit. Trockenes Holz quillt in feuchter Luft, nasses Holz schwindet beim Austrocknen. In der Fachsprache wird dieser Wechselvorgang als das »Arbeiten« des Holzes bezeichnet. Splintholz ist diesem Wechsel stärker unterworfen als Kernholz. Weisen Bretter beide Holzarten auf, entsteht das sogenannte »Werfen«.

Seitenbretter verlegt man folglich z. B. bei Holzdecks mit der Kernseite nach oben. Kernbretter hingegen werfen sich nicht und sind auch gegen Abnutzungen am widerstandsfähigsten. Das Arbeiten des Holzes kann zum Verziehen und speziell beim Schwindvorgang zum Reißen des Holzes führen.

Holz hat aufgrund seiner »Pflanzenhaftigkeit« eine angenehme Wirkung auf den Menschen. Auf Holzpflaster läßt es sich angenehm weich gehen. Ein Holzsteg am Haus sorgt auch in der kalten Jahreszeit mit etwas Wind und Sonne für einen trockenen, fußwarmen Sitzplatz.

Alle Holzarten besitzen eine natürliche Resistenz gegenüber Witterungseinflüssen. Zu den widerstandsfähigsten Hölzern zählt das Kernholz der Eiche. Die

Lagerndes Holz im Sägewerk

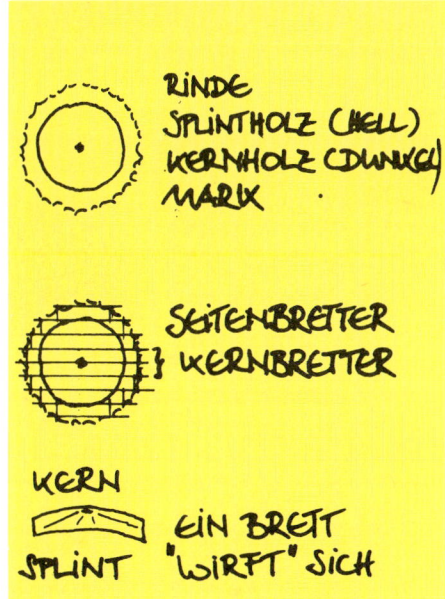

Kleine Holzkunde

29

Es geht auch ohne Holzschutz

Wichtige Holzarten und ihre Eigenschaften

Holzart	Dauerhaftigkeit bei wechselnder Feuchtigkeit	Härte	Holzfarbe	Meterpreis (Stand 1989)		
				6 x 8 cm[1])	3,6 x 13 cm[2])	5 x 20 cm[2])
Nadelholz						
Fichte	gering	weich	weiß-rot	9,20 DM	16,30 DM	24,70 DM
Kiefer	hoch	weich	rot-gelb	10,40 DM	17,60 DM	27,70 DM
Lärche	sehr hoch	hart	rötlich	10,80 DM	18,— DM	28,40 DM
Tanne	gering	weich	weiß-gelb	9,20 DM	16,30 DM	24,70 DM
Laubholz						
Eiche	sehr hoch	sehr hart	gelb-braun	16,70 DM	23,60 DM	41,50 DM
Erle	gering	mittel	rötlich	10,60 DM	17,30 DM	25,80 DM

[1]) im sägerauhen Zustand   [2]) gehobelt, mit bearbeiteten Kanten

Die Preise beziehen sich auf einwandfreie, lufttrockene Schreinerware.
Das Bauholz aus dem Sägewerk ist billiger, jedoch nicht abgelagert.

Nadelhölzer Fichte, Tanne, Kiefer und Lärche eignen sich jedoch zur Verwendung im Außenbereich gleichermaßen gut und sparen Kosten. Mit der oben angeführten Tabelle soll Ihnen eine Kurzcharakteristik der verschiedenen Nadel- und Laubhölzer an die Hand gegeben werden, mit deren Hilfe Sie das für Ihre Zwecke geeignetste Holz auswählen können.
Holz im frei bewitterten Außenraum verlangt nach Holzschutz. Andererseits bedeutet jedes Imprägnierungsverfahren eine Umweltbelastung. Typische Merkmale des menschenfreundlichen Naturbaustoffs, wie Lebendigkeit, Wärme usw., werden durch den Auftrag von Holzschutzmitteln in ihrer Wirkung behindert. Dennoch, bei Erdeinbau bzw. Wasserkontakt des Holzes kommt man um eine Imprägnierung nicht herum, soll die Funktion der Bauteile lange Zeit erhalten bleiben. Der Handel bietet deshalb Rund- und Kantholzpflaster an, das im großtechnischen Kesseldruckverfahren mit amtlich zugelassenen Holzschutzsalzen auf Chrom-Kupfer-Basis behandelt wurde. Dagegen kann bei erhöht liegenden Holzstegen auf Holzschutz verzichtet werden. Unterlüftung und unbehinderter Wasserablauf lassen das Holz nur sehr langsam verwittern. Sie sparen Geld, Zeit und Gift, wenn Sie, anstatt alle zwei bis drei Jahre mit Holzschutzmitteln nachzubehandeln, hin und wieder ein Brett nachkaufen und einbauen.

Verschiedene Holzarten und ihre Haltbarkeit

Holzart	ohne Holzschutz	druckimprägniert
Fichte	10 Jahre	15 Jahre
Tanne	8 Jahre	15 Jahre
Kiefer	12 Jahre	20 Jahre
Lärche	15 Jahre	20 Jahre
Eiche	20 Jahre	—
Erle	8 Jahre	—

Holz im Außenbereich

Holzdecks sind relativ leicht und kostengünstig zu erstellen. Sie vergrößern die Nutzfläche Ihres Gartens, indem darunter Platz für schattenliebende Pflanzen wie Farne, Schattengräser usw. geboten wird und darauf bepflanzte Kübel stehen können. Pflanzkübel setzt man zweckmäßigerweise auf Ziegelsteine, wodurch Luftzufuhr und Dränage erreicht werden.

Holzkonstruktionen als Terrasse haben etwas Leichtes und bilden keine geschlossene Sichtbarriere. Ob quadratisch, recht- oder vieleckig, Holzdecks können auch unebene Untergründe kostengünstig überspannen. Sie lassen sich am Hang gestaffelt anordnen und mit Stufen kombinieren. Bauschnittholz für Holzstege gibt es im Handel in vorbereiteter Form als Auflagehölzer für den Unterbau und Planken als Belagbretter. Auflagehölzer sind Kanthölzer mit rechteckigem oder quadratischem Querschnitt. Die geringste Seitenabmessung beträgt mindestens 4 cm, die größte ist kleiner als 20 cm. Handelsüblich sind die Maße 4 × 6 bis 13 × 14 cm. Belagbretter sollten mindestens 2,5 cm hoch und 10 cm breit sein. Günstig sind Abmessungen von 5 × 20 cm. Im Handel gibt es quadratische (50 × 50 bis 120 × 120 cm) oder rechteckige (140 × 100 oder 150 × 100 cm) Holzroste. Schachbrett- oder fischgrätartig verlegt ergeben sie einen interessanten Terrassen- und Wegebelag.

Rundholzpflaster ist im Handel mit gleichen Durchmessern oder unsortiert in Durchmessern von 8 bis 30 cm mit einer Höhe von 10 bis 15 cm erhältlich. Kantholzpflaster ist als quadra-

Holzkonstruktion als Sitzplatz

Holzsteg ums Haus

Holzdeck am Wasser

Materialkunde Holz

Rundholzpflaster

Rindenmulchweg

tischer Holzabschnitt (ab 8 × 8 cm) oder als Rechteckquerschnitt ab 10 × 12 bis 18 × 24 cm vorrätig. Auch hier beträgt die Höhe 10 bis 15 cm; der Belag erweist sich als desto tragfähiger, je größer die Klotzhöhe. Eine dicht geschlossene Decke kann nur mit Pflasterklötzen gebildet werden.

Als Belag für Nebenwege oder Kinderspielbereiche eignen sich Rindenabfälle sehr gut. Sie ergeben einen begehfreundlichen, ökologisch sinnvollen und dabei kostensparenden Wegebelag. Mit Rindenmulch, das ist zerkleinerte, unbehandelte Fichten- oder Tannenrinde, läßt sich eine Wegedecke herstellen, die in ihrer Elastizität an Waldboden erinnert. Voraussetzung für den Bestand von Rindenmulchwegen ist die richtige Auftragsmenge. Eine zu starke Auflage behindert die Durchlüftung und das Abführen von Wasserüberschuß. Zu geringe Schichten führen zu Austrocknung. Empfehlenswert ist ein Auftrag von 7 bis 10 cm, wobei nach drei bis vier Jahren gegebenenfalls geringe Mengen ergänzt werden müssen.

Nur bei Erhaltung des erdfeuchten Zustands ist Rindenmulch staubbindend, auf besonnten Flächen ist er wegen der schnellen Zersetzung und Staubbildung nicht zu empfehlen. Bei vorhandenem Bewuchs entstehen genug Beschattung und Feuchtigkeit, um die richtige Deckenbindung zu erreichen. In diesem Fall ist Rindenmulch ein Wegebaumaterial, das den Boden vor Abschwemmung schützt, den Wasserhaushalt reguliert und anfliegende Unkrautsamen nicht angehen läßt.

Rindenmulch-Güteklassen

Typ	Körnung (mm)	Feinanteile (%)
1	10–80	unter 10
2	10–40	unter 10
3	0–40	10–30
4	0–80	10–30
5	20–80	0

Splitt, Sand und Mörtel

Fugen halten die Steine im Verbund zusammen und gleichen Bewegungen des Unterbaus aus.

Deshalb können Sie auch nur mit Mörtel verfugen, wenn der Unterbau aus einem starren Betonbett besteht.

Haben Sie auf einen weichen Unterbau verlegt, bewegen sich die Platten oder Pflastersteine leicht, indem sie die Bewegung des Unterbaus mitmachen. Starre Fugen würden reißen.

Bei beweglichem Unterbau also wird mit Natursand 0/4 oder mit Splitt 2/5 (kleinste Schotterkörnung) ausgefegt. Natursand und Splitt härten nicht aus, weshalb das Wasser gut durch die Fuge abfließen kann.

Sie können jedoch nicht auf ein Gefälle verzichten, da sich über die Jahre Straßenstaub absetzt und die Fugen schließt. Mit Splitt ausgefegte Fugen sind durch das Verkanten der Körnung sehr stabil, ergeben aber optisch keine befriedigende Wirkung.

Schön sieht es aus, wenn Sie über den Splitt eine Schicht feineren Materials, Natur- oder Brechsand 0/3 einfegen. In Fugen, die mit Brechsand (auch Quetschsand genannt) gefüllt wurden, wird sich schwer Grün festsetzen. Durch den Kalkanteil, der durch das Brechen freigesetzt wurde, härtet das Fugenmaterial aus und anfliegende Samen können sich nicht festsetzen.

Die Aushärtung erfolgt jedoch nur bei ausreichender Zufuhr von Feuchtigkeit. Sie müssen also, wenn der Belag unter einem Dach liegt,

sollten Sie ihn mehrmals nachwässern oder mit Mörtel verfugen.

Mörtel wird gemischt aus 3 bis 4 Teilen Natursand, 1 Teil Traßzement und Wasser. Letzteres wird zugegeben, bis ein erdfeuchter Zustand erreicht ist. Durch die Verfugung mit Mörtel verliert der Naturstein an Wirkung. Im Straßenbau wurden Kopfsteine oft mit Flüssigbitumen (Teer) verfugt. Heute wird stattdessen Mörtel verwendet. Damit soll der wesentlich höheren Verkehrsbelastung Rechnung getragen werden.

Zudem würden nicht aushärtende Fugenfüller von Straßenreinigungsmaschinen ausgefegt. Die fürs Auge reizvollste Lösung ist ein Fugenmaterial aus Sand oder Splitt, gemischt zu einem Drittel mit feinem, gesiebtem Humus und Rasensaat.

Die Belagfläche wirkt weniger nüchtern durch Grün in den Fugen, ist aber genauso nutzbar. Es ist dies eine häufige Variante bei Feuerwehrzufahrten, breiten Einfahrten oder großen Plätzen, um einer Steinmonotonie vorzubeugen.

Die Verfugung mit Mörtel ist sehr arbeitsintensiv, da Verschmutzungen schon während des Arbeitens sorgfältig weggewaschen werden müssen, damit kein Zementschleier zurückbleibt.

Fugenstoff Natursand

Materialkunde Fugenstoffe

Die wichtigsten Werkzeuge

Auf diesen beiden Seiten finden Sie Kurzbeschreibungen der wesentlichen Werkzeuge, die Sie benötigen, um Höfe und Wege zu pflastern. Welche Werkzeuge Sie für einzelne Arbeitsgänge und -anleitungen brauchen, ersehen Sie aus den Abbildungen unter der Rubrik »Werkzeuge«, die Sie bei allen Arbeitsanleitungen finden.

Werkzeuge zum Messen und Richten

1. Maßband: Zum Messen weiterer Entfernungen (20 oder 30 m).

2. Rechter Winkel: Aus Stahl mit Schenkeln von 40 und 60 cm Länge, dient zum Richten von Ecksteinen etc.

3. Richtlatte: Zum Abziehen der Ausgleichsschicht vor dem Plattenlegen. Es genügt eine saubere Holzlatte mit parallelen Kanten. Die Länge schneiden Sie je nach Bedarf zu.

4. Alu-Setzlatte: Zum Nachmessen.

5. Richtschnur: Aus Perlon für die Absteckarbeiten. Sie ist ein wichtiges Hilfsmittel, um Verbund- und Pflastersteine in einer einheitlichen Flucht verlegen und Pfosten ausrichten zu können.

6. Schlauchwaage: Um den Untergrund über längere Entfernungen waagrecht ausrichten zu können.

7. Schnureisen: Dienen dem Ausfluchten. Sie sind 0,8 bis 1,2 m lang, 20 bis 30 mm im Durchmesser, gespitzt und aus Volleisen.

8. Wasserwaage: Sie enthält zwei Libellen zum Bestimmen der Horizontalen und der Vertikalen. Es gibt sie aus Holz oder Aluminium mit 60 bis 100 cm Länge.

9. Zollstock: Aus Holz, zusammenlegbar in 1 oder 2 m Länge.

10. Ölkreide: Zum Anzeichnen.

Hilfsmittel für Erdarbeiten

11. Baurechen: Mit groben Zinken für die Planie.

12. Besen: Um Fugenmaterial einzukehren.

13. Handstampfer: Zur Untergrundverfestigung und zum Einrütteln von Pflaster.

14. Schaufeln: Zum Verteilen von Erdreich und Schüttgütern sowie zum Mischen von Beton und Mörtel.

15. Schubkarre: Mit einem Unterrahmen oder/und verwindungsfestem Rahmen.

16. Spaten: Zum Abstechen und Ausheben von Erdreich.

17. Spitzhacke: Zum Lockern von Erdreich.

Verlegewerkzeuge

18. Fäustel: Werden in verschiedenen Größen im Gewicht von etwa 1000 bis 1500 Gramm angeboten. Sie dienen dazu, Schnureisen einzuschlagen, Steine grob zuzuhauen etc.

19. Fug(en)eisen: Zum Ausfugen in verschiedenen Breiten von 0,8 bis 1,5 cm. Es ist als Hohleisen und als Flacheisen im Gebrauch, je nachdem, ob voll oder hohl ausgefugt werden soll.

20. Gummihammer: Zum Festklopfen der Platten beim Verlegen.

21. Maurerhammer: Sind etwa 1500 g schwer. Mit der vorderen Schneidefläche führt man feinere Arbeiten auf leicht zu bearbeitendem Stein durch. Hauptsächlich wird mit der hinteren senkrechten »Schlagbahn« gearbeitet.

22. Maurerkelle: Aus Stahl, dient zur Mörtelverarbeitung.

23. Scharriereisen: Sind Meißel mit etwa 50 bis 150 mm breiten Schneiden. Wichtig, um kleinste Unebenheiten von den Steinen zu entfernen.

24. Schlagmeißel: Sind aus achtkantigem Stahl von 12/14/16/18/20 mm Durchmesser. Empfehlenswert ist eine Länge von 18 bis 22 cm. Mit dem Schlagmeißel lassen sich Kanten bearbeiten und gröbere Unebenheiten von der Oberfläche entfernen.

25. Spitzmeißel: Sind ebenfalls aus achtkantigem Stahl von gleichem Durchmesser und gleicher Länge wie der Schlagmeißel, jedoch auf Spitz geschmiedet. Es läßt sich damit grob die Oberfläche bearbeiten.

26. Schwamm: Zum Reinigen des Belags.

Elektrowerkzeuge und Maschinen

27. Abbruchhammer: Kann ausgeliehen werden und eignet sich für grobe Meißelarbeiten. Man bekommt ihn wahlweise mit Zweitaktmotor oder Stromanschluß.

28. Betonmischmaschine: Für das Mischen größerer Mengen von Beton. Die Anschaffung eines Mischers lohnt sich meist für den Privatmann nicht, deshalb empfiehlt sich Ausleihen (vgl. S. 10).

29. Bohrmaschine: Mit rechts- und linksdrehendem Lauf für Schraubarbeiten. Gleichzeitig mit Schlagbohrvorrichtung für Bohren in Stahlbeton.

30. Container: Zum Schuttabtransport. Container-Verleih siehe Branchenbuch. Berechnet wird eine Tagespauschale, für jeden weiteren Tag eine geringe Miete.

31. Kabeltrommel: Sie sollte mindestens 50 m Kabel führen.

32. Kleinlader: Wird am besten mit Bedienungspersonal ausgeliehen. Berechnet wird nach Arbeitsstunden inklusive Anfahrt. Der Kompaktlader wird für Aushub und Transport eingesetzt.

33. Meißelhammer: Dient mittleren Meißelarbeiten und kann ausgeliehen werden.

34. Minibagger: Eignet sich für den Aushub von Fundamentgräben, Teichen usw., jedoch weniger für den Transport von Material. Es lohnt sich, den Minibagger mit Bedienung zu leihen (vgl. dazu »Mietgeräte«, S. 10).

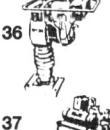

35. Rüttelplatte: Wird für größere Flächen eingesetzt mit einer zu verdichtenden Aufschüttung von 40 cm.

36. Rüttelstampfer: Für die Verdichtung von kleineren Flächen mit über 40 cm starker Aufschüttung. Tiefenwirkung etwa 60 cm.

37. Rüttelwalze: Zum Abwalzen und Abrütteln. Durch die Rollbewegung wird das zurechtplanierte Material nicht mehr verschoben.

38. Steinsägetisch: Kann ausgeliehen werden. Eignet sich besonders zum nassen Zuschneiden von Steinplatten, Klinkern und Platten jeglicher Art und auf das gewünschte Maß.

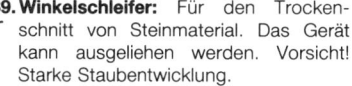

39. Winkelschleifer: Für den Trockenschnitt von Steinmaterial. Das Gerät kann ausgeliehen werden. Vorsicht! Starke Staubentwicklung.

Werkzeuge zur Holzbearbeitung

40. Bügelsäge: Besonders gut zum Zusägen von weniger starken Vierkant- oder Rundhölzern geeignet.

41. Elektrohobel: Glättet sägeraues Holz.

42. Hand- oder Tischkreissäge: Dient zum Absägen von stärkeren Rund- und Kanthölzern. Die Handkreissäge befestigen Sie am besten an einem geeigneten Werktisch.

43. Holzbohrer: Benötigen Sie, um die Löcher für haltbare Schraubverbindungen beim Bau von Holzdecks vorzubohren.

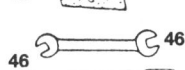

44. Holzraspel: Zur gröberen Holzbearbeitung und zum Brechen der Kanten bei Vierkanthölzern.

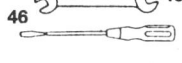

45. Schleifpapier: Benötigen Sie, um noch rauhes Holz nach dem Raspeln oder Feilen zu glätten.

46. Schraubenschlüssel und Schraubenzieher: Zum Festziehen von Maschinenschrauben mit Sechskantkopf bzw. mit einfachem oder Kreuzschlitz.

47. Stemmeisen: Für das Ausstemmen von Kerben bei Holzverbindungen.

48. Stichsäge: Zum Ablängen von Latten, Rund- und Kanthölzern, deren Durchmesser weniger als 60 mm beträgt.

Hilfswerkzeug

49. Baueimer: Mit kräftigem Henkel und verstärktem Rand zum Transport kleiner Mengen Schüttgüter und Anmachen von Mörtel.

50. Mörtelwanne: Zum Anmachen von Mörtel oder Mischen von Beton; für den Transport über Treppen, durch enge Durchgänge etc.

Hilfsmittel zum eigenen Schutz

51. Arbeitshandschuhe: Schützen die Hände vor scharfem Zementstaub und scharfkantigem Wegebaumaterial.

52. Gummihandschuhe: Zum Verfugen; sollten nicht zu dick sein.

53. Schutzbrille und Atemschutzmaske: Verhindern, daß Steinstaub beim Sägen von Natursteinen oder Meißelsplitter in die Atmungsorgane und Augen eindringen.

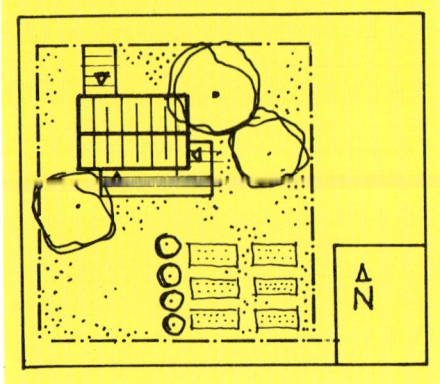

1

2

3

Planungsgrundsätze

Wege und Plätze sind nicht nur funktionale, sondern auch dekorative Bestandteile Ihres Gartens. Es lohnt sich, bei ihrer Planung einige Gestaltungsgrundsätze und praktische Gesichtspunkte zu beachten.

Was das Wegebaumaterial betrifft, so handelt es sich um eine einmalige Investition. Sie werden um so mehr Freude an Ihrem Garten haben, wenn Sie bei der Materialauswahl auf Qualität achten. Eine Gartenanlage kann auch in Etappen, entsprechend Freizeit und Finanzen, erstellt werden. Wenn Sie auf lange Sicht planen, können Sie sich auch bei der Ausführung etwas Zeit lassen und haben dadurch finanziellen Spielraum.

1. Machen Sie sich einen maßstabgerechten Plan Ihres Grundstücks, wenn Sie die Wegeführungen ganz neu planen. Berücksichtigen Sie die Niveauunterschiede und zeichnen Sie alle Faktoren ein, die bei einer Gestaltung wichtig sind: genaue Lage des Hauses im Grundstück, markante Punkte im Gelände, die als Fluchtpunkte dienen können (schöne Aussicht, alte Bäume usw.). Wege sollen die verschiedenen Teile des Gartens zugänglich machen und die Anlage sinnvoll gliedern. Geschwungene Wegeführungen wirken sehr organisch und fügen sich gut in das Gesamtgefüge des Gartens. Gerade, direkte Wege sorgen für ein ruhiges Bild und gefallen auch noch nach Jahren. Ein in der Mitte der Gartenfläche auf das Haus zuführender Weg zerreißt das Grundstück unnötig. Der Weg darf schließlich keine zu große Bedeutung bekommen, er bleibt ein Teil des gesamten Gartens.

2. Ein häufig begangener Hauptweg am Haus stellt an das Material andere Anforderungen als ein nur gelegentlich genutzter Nebenweg. In der Regel kann sich der Belag mit zunehmender Entfernung vom Haus auflockern. Für den Trampelpfad zum Komposteck genügt unter Umständen ein Belag aus Rindenmulch, während der Hauszugangsweg am schönsten mit solidem Naturstein befestigt wird. Für geschwungene Wegeführungen eignen sich kleinformatige Pflastersteine, großformatige ließen sich hier nur mit starkem Versatz verlegen.

3. Achten Sie darauf, daß das gewählte Material mit der Stilrichtung und Außenfassade des Hauses harmoniert. Zu einer rustikalen Bauweise gesellt sich am günstigsten Holz oder Klinker, während moderne Architektur nach ruhigen Linien und Verwendung von Naturstein, einfachen Betonplatten und Kieseln verlangt. Haus und Garten dürfen nicht beziehungslos nebeneinander existieren, sondern sollen eine Einheit bilden. Reizvoll ist ein ebenerdiger Anschluß des Gartens an das Haus. Doch sollten Sie am Übergang eine Stufe vorsehen mit einer etwa 2 cm breiten Fuge zwischen Hauswand und Stufe, damit das Oberflächenwasser nicht eintreten kann.

4. Nicht zuletzt spielt die Klimaeignung bei der Materialauswahl eine Rolle. Für Gegenden mit häufigen, starken Niederschlägen sind Steinplatten oder Pflasterbeläge besser geeignet als grober Sand oder Kies. In hiesigen Breiten muß man frostbeständigen Ziegeln, Platten- und Pflasterbelägen den Vorzug geben.

5. Wege bilden einen Übergang von Architektur zur umgebenden Natur. Vermeiden Sie deshalb allzu starre Randausbildungen. Sofern es möglich ist, lassen Sie den Weg fließend übergehen in Rasen- oder Pflanzflächen durch eine verzahnte Randausbildung. Wenn Sie die Ränder mit Gras, Moos oder Polsterstauden überwuchern lassen, ist Ihnen eine harmonische Einfügung des Wegs geglückt.

6. Je nach beabsichtigter Nutzung des Wegs variiert auch seine Breite. Der Zugangsweg zum Haus sollte zwischen 120 und 150 cm breit sein, damit auch ein Kinderwagen darauf geschoben werden kann bzw. zwei entgegenkommende Personen bequem aneinander vorbei können. Nebenwege werden entsprechend schmaler angelegt. Es genügt eine Breite von 60 bis 100 cm. Im Gemüsegarten sind Trittplatten sinnvoll. Sie

4

5

6

3% ➜

INS GELÄNDE VERTIEFTER
WEG MIT QUERGEFÄLLE

3%

LÄNGSGEFÄLLE

7

8

9

sind zwischen 40 und 50 cm breit und werden in Abständen von 65 cm verlegt.

7. Alle Wege und Plätze erhalten zur Ableitung des Oberflächenwassers ein Längs- und Quergefälle. Das Gefälle führt vom Haus weg, das anfallende Regenwasser soll in Rasen- und Pflanzflächen, bei Höfen in einen Gully mit Anschluß an die Kanalisation, abfließen. Als Neigung genügen 1 bis 3 Prozent, je nachdem, wie rauh die Belagsoberfläche ist. Das Gefälle sollte um so stärker sein, je rauher der Belag ist. Auch Wege in ebenem Gelände erhalten ein leichtes Längsgefälle, um das seitliche Sammeln von Oberflächenwasser zu fördern. Achten Sie darauf, nicht auf öffentlichen Grund zu entwässern. Sie können Wege etwas über oder unter Bodenniveau anlegen. Ein leicht erhöhter Weg hat den Vorteil, daß Oberflächenwasser leicht abfließen kann. Jedoch darf die Erhebung dem Auge nicht auffallen. Ein leicht in den Boden vertiefter Weg braucht ein gutes Längsgefälle, da aus dem umgebenden Grund Oberflächenwasser einfließt. Wege, die im Rasen oder an ihn grenzend verlaufen, müssen bündig mit der Grasfläche abschließen, um das Mähen zu erleichtern.

8.–9. Das Längsgefälle dient der Überwindung von Steigungen im Gelände. Diese sollten nicht mehr als 7 Prozent betragen, das sind 7 cm Höhenunterschied auf 1 m Länge. Wenn eine stärkere Neigung vorliegt, müssen Sie Einzelstufen oder Treppen einplanen.

Treppenstufen sind bequem begehbar, wenn Sie sich an die Regel halten: doppelte Stufenhöhe und Auftrittbreite der Stufe = 65 bis 70 cm. Dieses Maß ist die durchschnittliche Schrittlänge. Mit größer werdender Stufenhöhe verringert sich die Auftrittbreite und umgekehrt. Bei 15 cm Stufenhöhe ergibt sich eine Auftrittbreite von 35 cm. Lange Treppenführungen untergliedern Sie mit Hilfe von Zwischenpodesten.

Die Podestlänge wird berechnet aus der Auftrittbreite der letzten Stufe plus der Anzahl der vorgesehenen Schritte × 65 cm. Bei jedem Absatz soll der auftretende Fuß wechseln. Zur besseren Ableitung des Regenwassers empfiehlt sich ein Gefälle nach vorn von etwa 2 Prozent bei jeder Stufe.

Lage und Höhe abstecken

1

Gehen Sie beim Einmessen und Abstecken des Wegeverlaufs sorgfältig vor und bitten Sie eine zweite Person, Ihnen dabei zu helfen.

1. Sie haben sich einen Plan im Maßstab 1:100 oder 1:50 skizziert und kennen somit den Wegeverlauf. Übertragen Sie zunächst den Wegeverlauf grob mit Hilfe von Meterstab, Maßband und Sand aus dem Plan auf das Grundstück. Sie entnehmen dem Plan die Zentimeterangaben, rechnen diese in Meter um und messen damit den Wegeverlauf auf dem Grundstück ein.

Legen Sie als erste Markierung Steine und verbinden Sie dann die Punkte, indem Sie eine dünne Sandbahn ziehen. Es genügt, dezimetergenau zu arbeiten. Sie haben jetzt die Umrisse des Wegs vor Augen.

2

2. Darauf folgt die genaue Lage- und Höhenabsteckung mit Schnureisen und Maurerschnur. Zum Einschlagen der Schnureisen verwenden Sie einen Fäustel. Bei jeder Art von Wegeführung, ob geradlinig oder geschwungen, schlagen Sie die Schnureisen senkrecht und exakt an der Außenkante des Wegs fest in den Untergrund ein. Bei geschwungenen Wegen im Abstand von 1 m, bei geraden Wegen im Abstand von maximal 10 m, da sonst die Schnur durchhängt. Der Abstand zwischen den beiden Schnureisenbahnen markiert genau die Wegbreite, zuzüglich etwa 1 cm, da die Eisen knapp außerhalb der Wegeränder zu stehen haben.

3

3. Wer ganz sicher gehen will, exakt im rechten Winkel abgesteckt zu haben, kontrolliert mit dem Winkel nach, wenn die Schnüre gespannt sind. Bei rechtwinkligen, viereckigen Plätzen bietet sich die Maßkontrolle der Diagonalen an. Es wurde ausreichend genau eingemessen, wenn sie bis 2 bis 3 cm übereinstimmen. Notfalls rücken Sie die Eisen um einige Zentimeter.

4

5

6

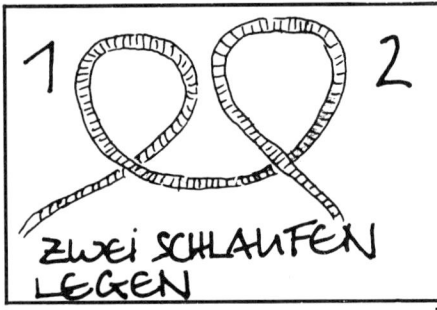

7

8

4. Nun bestimmen Sie die Höhen. Sehen Sie sich das Gelände genau an und legen Sie die spätere Belagshöhe fest. An Stellen, wo kein Wasser eintreten darf (Türschwelle, Kellertreppe, Garagentor, Lichtschacht usw.), halten Sie den Belag 1 bis 2 cm tiefer. Dort, wo Sie einen Übergang schaffen müssen zu einem bestehenden älteren Belag (am Gehsteig z. B.), bleiben Sie mit Ihrem Wegebelag 1 cm darüber, um nachträgliche, leichte Setzungen aufzufangen. Nun sehen Sie, ob das Gefälle ausreicht oder ob Sie gegebenenfalls Stufen vorsehen müssen. Das Antragen der Höhen an die Schnureisen ist ein Leichtes unter Zuhilfenahme von Nivelliergerät. Es geht aber auch ohne zusätzliche Hilfsmittel. Spannen Sie sich mit extra Eisen und Schnur eine Hilfshöhe genau im Wasser (d. h. waagrecht) über die gesamte zu belegende Fläche. Die Schnur liegt in Höhe des höchsten Punktes Ihres späteren Belags, also z. B. in Höhe Türschwelle (= 0-cm-Höhe).

5. Wählen Sie den Verlauf der Hilfsschnur so, daß Sie mit Hilfe von Richtlatte und Wasserwaage jedes geschlagene Eisen Ihrer Lageabsteckung erreichen können. An den Eisen markieren Sie mit Ölkreide die 0-cm-Höhe. Mit der auf die Richtlatte aufgesetzten Wasserwaage prüfen Sie nach, ob die Markierungen im Wasser liegen.

6. Sie haben nun an allen Eisen dieselbe Höhe angezeichnet. Markieren Sie nun unterhalb dieser 0-cm-Höhe die endgültigen Höhen, indem Sie das Gefälle abrechnen. Pro 1 m Entfernung vom höchsten Punkt des Wegs, an dem Sie die 0-cm-Höhe angezeichnet haben, ziehen Sie das gewünschte Gefälle in Zentimetern ab. Zeichnen Sie diese Minus-Höhen an den Eisen an und verbinden Sie sie mit Schnüren.

7.–8. Wenn Sie die Eisen mit der Maurerschnur verbinden, bedienen Sie sich zweckmäßigerweise eines Knotens, der das Nachspannen der Schnüre erleichtert. Achten Sie darauf, daß die Schnur nicht durchhängt und überprüfen Sie die Maße noch einmal.

9. Sie sparen sich das Spannen der Hilfsschnur sowie das Übertragen der Höhen mit Wasserwaage und Richtlatte, wenn Sie eine Schlauchwaage haben.

Ein durchsichtiger Schlauch ist nicht ganz mit Wasser gefüllt und an beiden Enden geschlossen. Die Höhe des Wasserstands am Anfang des Schlauchs entspricht genau der Höhe des Wasserstands am Ende, wenn Sie die Schlauchenden mit den Händen hochhalten.

10. Halten Sie also das eine Ende des Schlauchs am höchsten Punkt des Wegs (z. B. der Türschwelle) an, so daß der Wasserstand der 0-cm-Höhe entspricht. An jedem Schnureisen können Sie jetzt die 0-cm-Höhe antragen, indem Sie das andere Ende des Schlauchs anhalten und die Wasserstandsanzeige am Eisen markieren.

11. Noch schneller und exakter arbeiten Sie mit dem Nivelliergerät, das Sie auch ausleihen können. Angebracht ist es vor allem dort, wo Sie viele Schnureisen für eine komplizierte Lageabsteckung eingeschlagen haben, Sie um ein Hauseck herumarbeiten wollen oder mehrere Stufen einmessen müssen.

Wenn Sie das Gerät aufgebaut und mit Hilfe der eingebauten Wasserwaage gerade ausgerichtet haben, zeigt Ihnen das Fadenkreuz im Objektiv immer dieselbe Höhe, egal wohin Sie das Auge schwenken. Diese 0-cm-Höhe des Geräts ändert sich selbstverständlich mit jedem Versetzen. Haben Sie das Gerät aufgestellt und justiert, halten Sie einen Meterstab senkrecht mit 0 nach unten genau auf Ihre 0-cm-Höhe an. Wenn die Haustürschwelle der höchste Punkt des Belags sein wird, halten Sie also 1 bis 2 cm darunter. Peilen Sie durch das Objektiv den Meterstab an und stellen Sie das Gerät scharf (wie beim Fernglas). Lesen Sie den Wert, den der Meterstab in Höhe des Fadenkreuzes zeigt, ab.

12. Peilen Sie nun jedes einzelne Schnureisen an. Die zweite Person hält einen Meterstab dort an und führt ihn so lange auf und ab, bis Sie im Fadenkreuz denselben Wert haben, wie schon zuvor beim Anpeilen des höchsten Punktes. An der 0-cm-Marke des Meterstabs markieren Sie nun wieder Ihre 0-cm-Höhe. Wollen Sie ein Gefälle von 5 cm antragen, so muß der Meterstab so weit gesenkt werden, bis Sie im Gerät einen 5 cm höheren Wert im Fadenkreuz ablesen können.

9

10

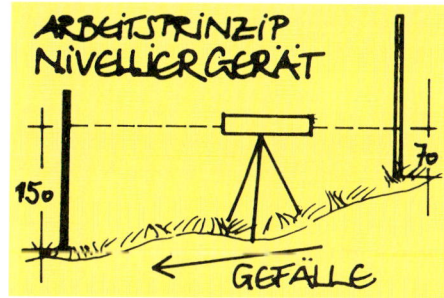

ARBEITSPRINZIP NIVELLIERGERÄT

150

70

← GEFÄLLE

11

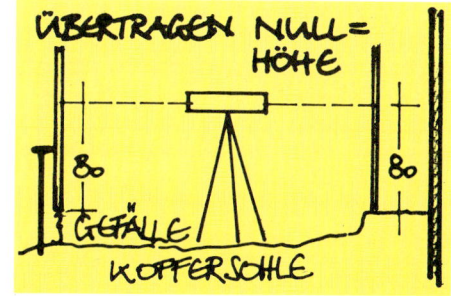

ÜBERTRAGEN NULL= HÖHE

80

80

GEFÄLLE

KOFFERSOHLE

12

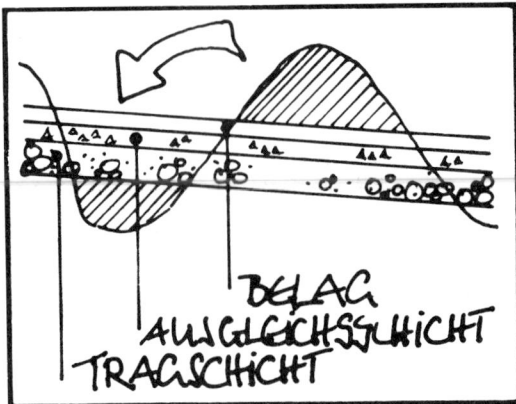

BELAG
AUSGLEICHSSCHICHT
TRAGSCHICHT

1

2

3

Ausheben oder Auffüllen

1. Wenn Sie alle Schnüre gespannt haben, richten Sie das Grundplanum oder die Sohle her. Der Fachmann spricht vom Auskoffern, wenn er Erdreich aushebt. Innerhalb der Schnurmarkierung muß gewachsener Mutterboden so tief unter Schnur ausgehoben werden, daß Trag-, Ausgleichsschicht und Belagmaterial später bündig mit dem Gelände abschließen. Liegt das Gelände unter der gewünschten Sohlentiefe, müssen Sie Erdreich auffüllen und verdichten, um spätere Bodensenkungen zu verhindern. Verdichtet wird mit dem Handstampfer. Wie tief ausgekoffert werden muß, ist abhängig von der Belastung (vgl. Tabelle, S. 43).

Prüfen Sie, wenn Sie ganz genau vorgehen wollen, die Bodenbeschaffenheit.

2. Die vorbereitete Fläche entspricht hinsichtlich Gefälle und Oberflächengestaltung dem fertigen Wegebelag. Unebenheiten von ± 5 cm stören nicht. Überprüfen Sie das Gefälle des Erdplanums, indem Sie mit dem Meterstab von Ihren gespannten Schnüren immer wieder heruntermessen.

3. An den seitlichen Wegerändern heben Sie etwa 10 cm breiter aus, damit Steine oder Platten an den Wegekanten satt auf der Ausgleichsschicht zu liegen kommen.

4. Erdbewegungen mit Hilfe von Pickel, Schaufel und Schubkarre sind sehr mühevoll. Wenn Sie in Ihrem Garten verhältnismäßig große Veränderungen vorhaben, leihen Sie sich einen Minibagger oder Kleinlader mit Fahrer aus. Der Zugang zum Garten muß jedoch groß genug sein.

Das Gelände sollte beim Einsatz von Aushubgeräten trocken sein.

Nasser Boden wird unter dem Druck schwerer Maschinen so stark verdichtet, daß Oberflächenwasser nicht mehr versickern kann. Auf Flächen, die später bepflanzt werden sollen, darf der Mutterboden durch den Einsatz von Maschinen nicht zerstört werden. Baustoffe für Wegebeläge sind schwer zu handhaben. Klinker z. B. werden auf Paletten geliefert. Zweckmäßigerweise transportiert sie ein gemieteter Gabelstapler (oder Radlader mit Palettengabel) gleich an Ort und Stelle.

5. Ist das Erdreich mit der Maschine ausgehoben, planieren Sie grob mit der Schaufel nach. Sandige, lockere Böden müssen mit Handstampfer oder Rüttelplatte verdichtet werden.

6. Wenn Sie den Erdaushub in Ihrem Garten nicht unterbringen können (bepflanzter oder mit Rasen begrünter Wall), lassen Sie ihn von der Firma, welche den Erdaushub besorgt, abtransportieren. Bei Handaushub bestellen Sie rechtzeitig einen Container, der nach dem Befüllen wieder abgeholt wird.

Tabelle fürs Ausheben und Auffüllen

	Lehmige Böden	Sandige Böden
Garagenzufahrt		
Sohlentiefe	38–45 cm	23–45 cm
Tragschicht	35–40 cm	20–45 cm
Ausgleichsschicht	3–5 cm	3–5 cm
Pflasterweg		
Sohlentiefe	23–35 cm	18–25 cm
Tragschicht	20–30 cm	15–20 cm
Ausgleichsschicht	3–5 cm	3–5 cm
Plattenweg		
Sohlentiefe	23–35 cm	18–25 cm
Tragschicht	20–30 cm	15–20 cm
Ausgleichsschicht	3–5 cm	3–5 cm
Kiesweg		
Sohlentiefe	16–23 cm	11–18 cm
Tragschicht	15–20 cm	10–15 cm
Riesel	1–3 cm	1–3 cm

4

5

6

1

2

3

4

Den Unterbau herrichten

Für den Unterbau sind Schotter und Kies gleicherma-ßen gut geeignet. In der Regel wird Kies verwendet. Frostschutzkies ist von schluffigen, tonigen Schlämm-teilen freigewaschen, da diese Wasser aufsaugen und bei Frosteinwirkung arbeiten würden. Kostengünstiger ist Gruben- oder Wandkies. Er ist besonders scherfest, da von 0 bis X alle Korngrößen enthalten sind. Im Ge-gensatz zu Frostschutzkies ist er jedoch laut DIN-Vor-schrift nicht frostfest.

1. Auf das verdichtete Grundplanum tragen Sie nun für die Tragschicht Unterbaumaterial in möglichst großer Kornabstufung auf (Frostschutzkies, Grubenkies, Schlacke z. B.). Dieses wasserdurchlässige Steinmate-rial läßt sich standfest verdichten und gleicht etwaige Auffrierungen und Hebungen des Wegebelags durch Frosteinwirkung aus. Die Auftragsstärke ist abhängig von der künftigen Belastung und der vorhandenen Bo-denart. Je nach Auftragsstärke setzt sich der Unterbau-kies um 2 bis 3 cm beim Verdichten. Füllen Sie die Trag-schicht an den seitlichen Rändern etwa 10 cm breiter an, damit die Wegekanten nicht ins Rutschen kommen.

2. Verdichten Sie die Tragschicht mit Handstampfer oder Rüttelplatte. Bei kleinen Flächen genügt der Stampfer, für größere Bereiche benötigen Sie eine Rüttelplatte. Um genügend stark zu verdichten, müssen Sie 3 bis 4 mal die mit dem Rechen oder der Schaufel planierte Kiesschicht abrütteln.

3. Kontrollieren Sie durch Auflegen der Richtplatte, ob die Tragschicht genügend eben ist.

4. Auf die verdichtete Tragschicht kommt nun die Aus-gleichsschicht, in/auf die Sie verlegen. Verwenden Sie Sand oder Feinsplitt, den Sie locker in einer Stärke von 3 bis 8 cm auftragen.

Formsteine verlegen

Betonsteine und Klinker werden in Formen industriell gefertigt, Holzpflaster wird von Maschinen auf gleiche Stärke geschnitten. Dadurch ist in Format und Steinstärke ein Stein wie der andere, was die Verlegung um vieles erleichtert.

Das vergleichsweise »natürliche« Aussehen des Klinkersteins beruht auf den Eigenschaften des Ausgangsmaterials Lehm. Beim Trocknungsvorgang schwindet der Lehmquader unregelmäßiger als der Quader aus Beton. Verarbeitungstechnisch ergeben sich daraus jedoch keine Konsequenzen.

Für die Verlegung von Formsteinen wird die Ausgleichsschicht ganz plan abgezogen und der Stein nur mehr daraufgelegt. Unregelmäßiges Natursteinmaterial dagegen muß beim Pflastern in Sand oder Splitt in der richtigen Höhe eingebettet werden.

1. Beginnen Sie mit der Baustelleneinrichtung. Auf der Verlegefläche liegt Sand oder Splitt für die Ausgleichsschicht in passender Menge. Seitlich legen Sie sich in Reichweite die Steine zurecht, neben Sand oder Splitt.

2. Zum Abziehen der Ausgleichsschicht brauchen Sie mehrere, mindestens zwei gerade Metallrohre (Wasserrohre) sowie verschieden lange, gerade Bretter oder Richtlatten. Richtlatten gibt es 1, 1,5, 2 und 2,5 m lang. Verwenden Sie 0/4er Natursand oder 2/5er Splitt bzw. 5/8er für die Ausgleichsschicht. Beide Materialien setzen sich beim Abrütteln des Belags; etwa 1 cm der Sand und 0,5 cm der Splitt. Die fertig abgezogene Fläche hat also Steinstärke minus 0,5 bis 1 cm unter Schnur zu liegen.

Legen Sie die Rohre rechts und links der abzuziehenden Fläche aus und bringen Sie sie genau auf diese Höhe, indem Sie sie in ein Sand- oder Splittbett setzen. Dadurch können sie nicht mehr verrutschen. Damit

5

6

7

8

die Rohre gefällegerecht zu liegen kommen, messen Sie mit dem Meterstab von den Schnüren herunter und prüfen gegebenenfalls mit der Wasserwaage nochmals sorgfältig nach.

3. Füllen Sie zwischen den Rohren Sand oder Splitt auf. Ihre Richtlatte bzw. ein passend breites, genügend langes Brett legen Sie rechts und links auf die Wasserrohre auf. Bewegen Sie sie, leicht nach links und rechts schiebend, zu sich her. Achten Sie darauf, daß sich vor dem Brett immer ein kleiner Splittwall herschiebt. Er ist Ihre Kontrolle, daß die abgezogene Ausgleichsschicht keine Mulden aufweist.

4. Haben Sie die Fläche auf diese Weise abgezogen, nehmen Sie die Rohre vorsichtig auf und schließen die verbleibenden Rinnen mit Splitt bzw. Sand. Glätten Sie mit der Maurerkelle nach.

5. Auf diese vollkommen ebene, gefällegerechte Ausgleichsschicht legen Sie nun Ihre Formsteine bahnenweise fest aneinander. Etwa nach jeder dritten Reihe kontrollieren Sie durch Anlegen der Richtlatte, ob die Bahnen noch gerade und parallel zur Anfangs- und Endkante liegen. Gleichen Sie Ungenauigkeiten sofort aus, Verlegefehler potenzieren sich sonst. Sie können mit Fuge oder ohne, also knirsch, verlegen. Bei diesem gleichmäßigen Material bieten sich regelmäßige Muster geradezu an.

6. Formsteine werden »vorwärts« verlegt, d. h. man bewegt sich auf der bereits verlegten Fläche und verlegt nach vorwärts Richtung Abschlußkante hin, um sich das abgezogene Verlegebett nicht zu zerstören. Unregelmäßiges Natursteinmaterial wird »rückwärts« arbeitend verlegt. Mit dem Rücken zur Endkante wird von der bereits gepflasterten Fläche weggearbeitet. Das Steinmaterial liegt in diesem Fall auf der grob zurechtplanierten Ausgleichsschicht neben Ihnen.

Achten Sie auf schöne, gleichmäßige Fugen und sanden Sie sie rechtzeitig ein, damit die Steine nicht kippen beim Beschreiten. Um nicht jede neu verlegte Reihe sofort einsanden zu müssen, legen Sie sich ein größeres Brett auf die Steine, bis Sie erneut wieder nachgesandet haben.

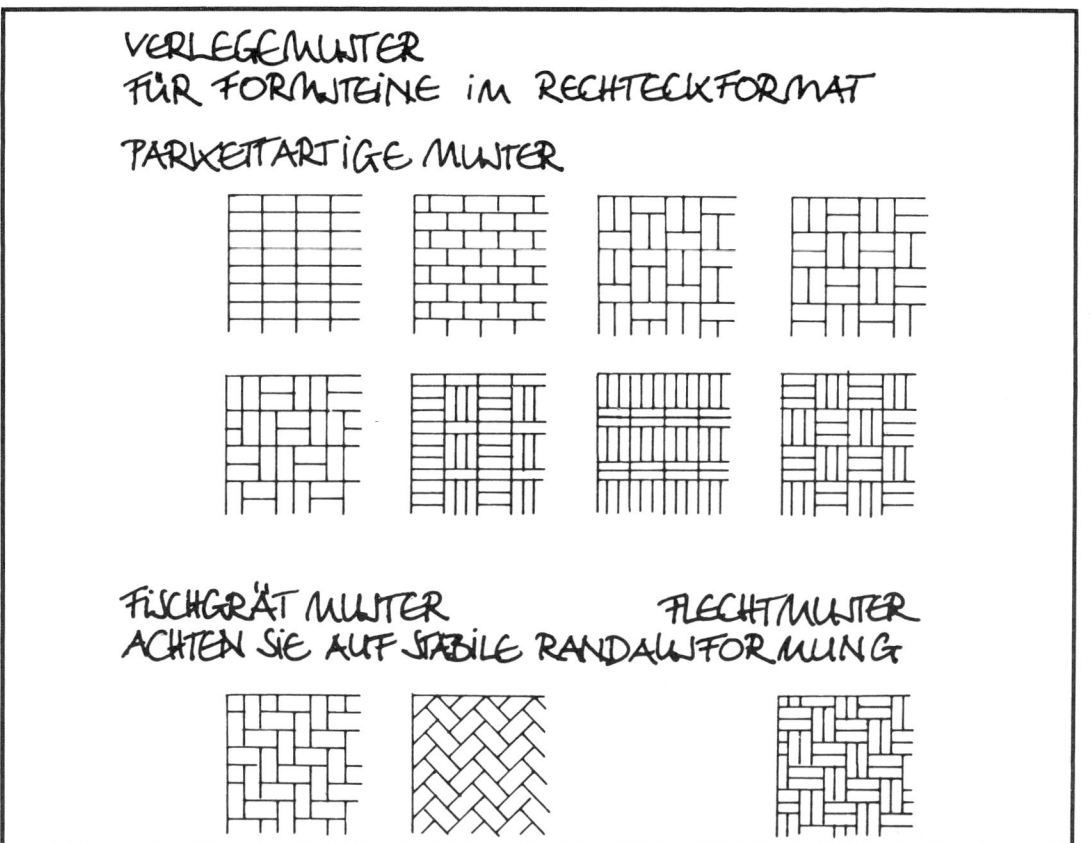

VERLEGEMUSTER
FÜR FORMSTEINE IM RECHTECKFORMAT

PARKETTARTIGE MUSTER

FISCHGRÄT MUSTER   FLECHTMUSTER
ACHTEN SIE AUF STABILE RANDAUSFORMUNG

7. Wenn Sie die Fläche fertig gelegt haben, befestigen Sie die Ränder mit einem Mörtelkeil. Mischen Sie sich den Mörtel in der Schubkarre aus Zement und Sand im Verhältnis 1:5, unter Zugabe von Wasser, bis erdfeuchte bis nasse Konsistenz erreicht ist. Es genügt, den Mörtel etwa 10 cm breit entlang der Belagskante mit der Schaufel anzufüllen. Mit der Kelle drücken Sie den Mörtel schräg 2 bis 3 cm unter Belagsoberkante an den Stein heran. Feuchten Sie eventuell mit Wasser nach, wenn der Mörtel zu trocken ist.

8. Wenn der Keil stabil ist, rütteln Sie den Belag mit der ausgeliehenen Rüttelplatte, die zum Schutz der Steine mit einer speziellen Gummimatte ausgerüstet ist, ab.
Die Fugen müssen vor dem Abrütteln ausgesandet und der Belag sorgfältig abgekehrt worden sein.
Arbeiten Sie mit der Rüttelplatte bahnenweise über Kreuz und rütteln Sie sehr gleichmäßig ab, damit keine Stolperfallen entstehen. Sanden Sie noch ein- bis zweimal feucht nach, und der Belag kann sofort benutzt werden.

1

2

3

Mit Naturstein pflastern

Ob Flußkiesel, Pflasterstein oder Platte – eines haben alle Natursteinmaterialien gemeinsam: Sie sind in der Regel ungleich stark. Daraus folgt für die Verlegung, daß jeder Stein und jede Platte einzeln auf richtige Höhe in die Ausgleichsschicht eingebracht werden muß. Sowohl bei Betonstein- als auch bei Natursteinverlegung liegt der Wegebelag vor dem Abrütteln 0,5 bis 1 cm über der späteren Belagsoberkante. Das ist der Spielraum, um den sich die Schicht beim Verdichten senkt. Spannen Sie die Schnüre also von vornherein etwas höher und bleiben Sie mit Ihren Natursteinen darunter. Die Schnüre müssen vollkommen frei liegen, andernfalls wäre die gesamte Höhenabsteckung zerstört und das Gefälle eventuell falsch. Anders verhält es sich bei Formsteinen: Die Schnüre haben ihren Dienst erfüllt, wenn die Ausgleichsschicht abgezogen ist, und können entfernt werden. Alle Steine kommen durch die plane Verlegeschicht richtig zu liegen.

1. Ihren Arbeitsplatz richten Sie wie folgt ein: Zwischen und unter die Schnüre schaufeln Sie Splitt oder Sand in genügender Menge. Wieviel, das können Sie am besten einschätzen, wenn die ersten Steine gesetzt sind. Sie arbeiten mit dem Rücken in Verlegerichtung, schütten Sie also das Pflastermaterial dicht hinter sich. Die Ausgleichsschicht wird grob zurechtplaniert.

2. Für jeden einzelnen Stein schieben Sie sich mit dem Pflastererhammer das Splittbett in passender Höhe zurecht. Mit der einen Hand setzen Sie den Stein, mit der anderen klopfen Sie ihn ein- bis zweimal an; je gleichmäßiger Sie jeden Stein festklopfen, desto ebener wird nach dem Abrütteln der Belag. Die Kunst des Pflasterns besteht also darin, die Steine einzeln auszusuchen, um eine engfugige, stabile Fläche zu erhalten.

3. Natursteinpflaster ist unregelmäßig. Damit Reihen nicht unruhig werden, geben Sie mit drei unterschiedlich großen Steinen drei Reihen vor. Jetzt paßt jeder Stein, den Sie in die Hand nehmen. Der kleine Stein in die schmale, der große Stein in die breite Reihe. Reihen pflastern Sie quer zur Gehrichtung. Mosaik- und Kleinpflaster muß möglichst engfugig verlegt werden (maximal 0,5 cm), damit die Fläche stabil wird. Vermeiden Sie aus Stabilitätsgründen auch Kreuzfugen. Sie sind zudem unschön. Das gelingt am einfachsten, wenn Sie abwechselnd eine Reihe mit einem breiten und die nächste Reihe mit einem schmalen Stein beginnen.

4. Kontrollieren Sie alle paar Reihen, ob Sie noch in gerader Linie pflastern. Dazu haben Sie sich Hilfsschnüre alle 0,5 m quer zur Gehrichtung gespannt. Legen Sie die Richtlatte hochkant an der letzten Reihe an und messen Sie mit dem Meterstab zur nächsten Hilfsschnur. Rücken Sie mit der Latte die Steine etwas, wenn die Reihen krumm geworden sind. Die richtige Höhe der Steine prüfen Sie, indem Sie die Wasserwaage oder Richtlatte aufsetzen. Geringe Höhenabweichungen verschwinden beim Abrütteln. Sie können aber auch ein Kantholz auf höherstehende Steine auflegen und sie runterklopfen.

5. Vermeiden Sie, in Mörtel zu pflastern. Der Wegebelag wird ausreichend stabil auf einem Unterbau aus Kies und Sand. Beim Verlegen in Trockenmörtel verfahren Sie wie beim Verlegen in Splitt, einschließlich Abrütteln. Unter Einwirkung von Bodenfeuchte, Regenwasser oder Einschlämmwasser härtet der Mörtel aus. Erdfeuchtnassen Mörtel schaufeln Sie immer nur abschnittweise auf den Unterbau. Klopfen Sie jede Platte zwei- bis dreimal auf fertige Höhe an. Der Mörtel soll sich von unten zu etwa 1/3 in die Fuge schieben. Bis zum Aushärten nach rund 20 Stunden sollte die Fläche nur einmal vorsichtig zum Einsanden der Fugen begangen werden. Da nicht mehr abgerüttelt wird, können Unebenheiten nicht mehr ausgeglichen werden.

6. Sie können die Fugen wasserdicht verschließen, indem Sie erdfeuchten Mörtel mit dem Fugeisen einfüllen. Fegen Sie danach die Fläche vorsichtig ab und reinigen

4

5

6

7

8

9

Sie sie naß mit einem Schwamm. Wechseln Sie das Wasser möglichst oft gegen frisches aus, um Zementschleier zu verhindern. Mit Brech- oder Natursand eingefegte Fugen ergeben ein schöneres Bild. Brechsand härtet nach dem nassen Einschlämmen aus, Natursand läßt die Fugen eingrünen. Pflastersteine rütteln Sie ohne Gummimatte ab. Arbeiten Sie bahnenweise über Kreuz. Durch gezieltes Abrütteln können Sie teilweise leichte Höhenabweichungen einebnen. An Stufen oder Hauswänden arbeiten Sie vorsichtig vorbei, damit keine Schäden entstehen. Bereiche, die Sie mit der Rüttelplatte nicht genügend erreichen können (Ecken z. B.), müssen Sie mit dem Gummihammer oder Fäustel von Hand nachklopfen.

7. Schließlich kann es nötig werden, Steine auf eine passende Größe zuzurichten. Das wäre z. B. der Fall, wollten Sie diagonale Reihen an einer geraden Kante anschließen. Fallen viele Schneidarbeiten an, leihen Sie sich zweckmäßigerweise ein mechanisches Steinspaltgerät, den sogenannten Steinbrecher. Zum Spalten von Hand benötigen Sie einen Flach- bzw. Breitmeißel (Scharriereisen) und einen Fäustel. Legen Sie den Pflasterstein auf festen, sandigen Untergrund oder schieben Sie ein Kantholz unter. Einen Kleinpflasterstein spalten Sie mit 3 bis 4 Schlägen.

8.–9. Klein- und Mosaikpflaster kommt voll zur Geltung, wenn es in Mustern verlegt wurde. Von klassischer Art ist das Pflastern in Segmentbögen. Derartige Pflasterungen sind durch die Vernetzung der Bögen sehr haltbar. Richtig verlegt man die Bögen bergauf, dadurch verkeilen sie sich mit der Zeit immer mehr und werden stabiler. Das Pflastern in Segmentbögen verlangt einige Übung. Dazu folgende Anhaltspunkte: Um die Bögen gerade auszurichten, spannen Sie sich Schnüre an den Schnittpunkten zweier Bögen. Vom höchsten Punkt des Bogens aus werden die Steine zu den Seiten hin immer kleiner. Prüfen Sie mit angelegter Alu-Latte, ob nebeneinanderliegende Bögen gleich hoch sind. Der Anschluß eines Pflasterbogens an den Rand soll im rechten Winkel erfolgen, ebenfalls rechtwinklig ist der Anschluß von Bogen zu Bogen.

Platten legen

1. Betonplatten verlegen Sie wie Formsteine auf einer abgezogenen Ausgleichsschicht. Zum Festklopfen verwenden Sie jedoch einen Gummihammer statt des Pflastererhammers. Dasselbe gilt bei Natursteinplatten. Abgerüttelt wird mit der schützenden Gummimatte oder mit einem Rollrüttler.

2. Natursteinplatten verlegen Sie im jeweils eigenen Splittbett, genauso wie Natursteinpflaster. Sie werden jedoch nicht abgerüttelt, sondern gleich mit dem Gummihammer auf die fertige Höhe geklopft.

Wenn Sie Bahnenware in Reihen verlegen, spannen Sie sich für jede Plattenreihe eine Hilfsschnur in gewünschter Verlegerichtung. Nach jeder Reihe spannen Sie die Schnur um für die nächste Reihe. Mit Richtlatte und Wasserwaage überprüfen Sie immer wieder das Gefälle über die gesamte Fläche. Die Fugen sollten nicht breiter als 1 bis 1,5 cm sein. Schließen Sie die Fugen durch Einkehren von feinkörnigem Sand.

Fugen bei der Verlegung von Polygonalplatten fallen oft etwas breiter aus. Wenn Sie sie mit Humus einkehren und bepflanzen, erzielen Sie optimale Wirkung. Jedoch sollten auch hier die Fugen nicht breiter als 1 bis 2,5 cm werden. Fugen Sie auf keinen Fall mit Mörtel aus. Beim ersten Frost würde er brüchig werden. Unschön sieht ein derartig starrer Fugenschluß in jedem Fall aus.

3. Das Verlegen scherbenartig gebrochener Platten ist nicht ganz einfach. Hier gilt es, die natürliche Form der Platten beim Verlegen auszunutzen und möglichst engfugig zu bleiben.

Gehen Sie folgendermaßen vor: Legen Sie sich die Platten grob zurecht, so daß sie in etwa von den Fugen her zusammenpassen. Vermeiden Sie Kreuzfugen, lange, durchgehende Fugen und spitze Winkel.

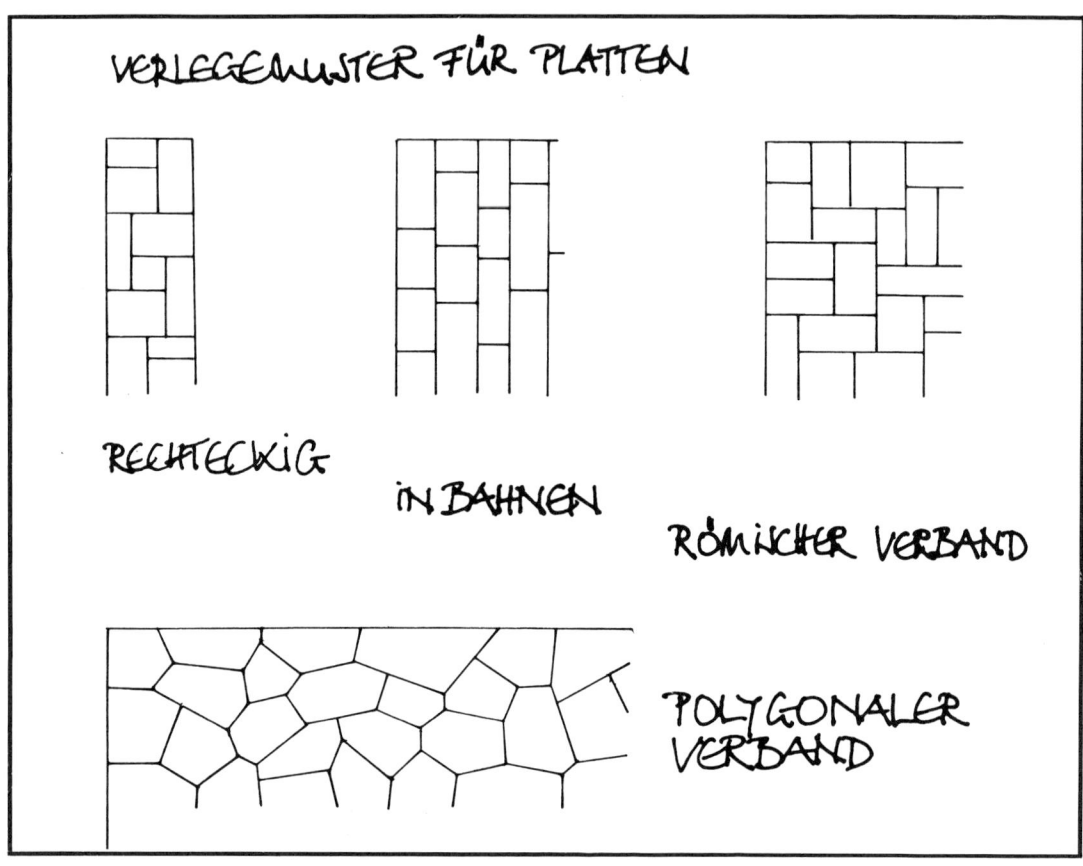

VERLEGEMUSTER FÜR PLATTEN

RECHTECKIG

IN BAHNEN

RÖMISCHER VERBAND

POLYGONALER VERBAND

4. Nun schlagen Sie sich die Platten zu. Mit einem Setzeisen schwächen Sie die Platte von der Seite her, indem Sie Schichten nach unten wegschlagen. Jetzt läßt sich der Plattenrand von oben leichter auf die gewünschte Form zuschlagen. Arbeiten Sie zu Ihrer Sicherheit immer von den Seiten weg.

Eine andere Möglichkeit ist, die Platten von unten mit der Flex zu $1/3$ bis $2/3$ einzuschneiden. Dann kann die Platte von oben leichter zugeschlagen werden. Die sichtbare Kante erscheint dann gebrochen und nicht geschnitten.

Die anfallenden Gesteinssplitter können ohne weiteres in noch zu erstellenden Unterbau gearbeitet werden. Achten Sie beim Verlegen auf möglichst enge Fugen, Platten dürfen sich berühren, da noch einmal fein nachgearbeitet wird. Mit einem scharfen Meißel oder einem schwächeren Setzeisen schlagen Sie die Kanten behutsam zu, so daß eine annähernd einheitliche Fugenbreite entsteht. Wenn eine Platte der anderen in ihren Versprüngen parallel folgt, entsteht ein sehr ansprechendes Bild, das Ihre sorgfältige Arbeit verrät.

Eine wassergebundene Decke herstellen

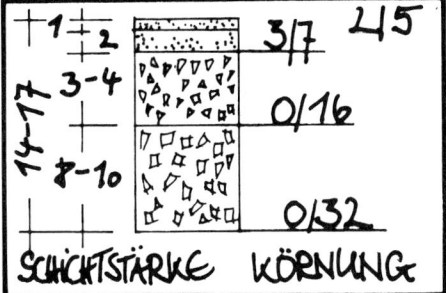

Keine andere Wegebefestigung ist so einfach zu erstellen und dennoch optisch so reizvoll wie der Kiesweg. Ihre Standfestigkeit erhält die sogenannte wassergebundene Decke dadurch, daß Schüttgüter der verschiedensten Körnung lagenweise eingebaut und verdichtet werden. Dadurch verkeilt sich das Bruchwerk. Unter Zugabe von Wasser bindet der beim Brechen aus dem Grundgestein freigewordene Kalk ab. Dennoch bleibt die Wegedecke wasserdurchlässig.

1. Der Schichtaufbau einer wassergebundenen Decke kann wie folgt aussehen. Nach dem Auskoffern bringen Sie Unterbaukies ein, der in verdichtetem Zustand 8 bis 10 cm unter Schnur liegt. Für die nächste Lage tragen Sie etwa 5 cm gebrochenes Material auf: 5/8er oder 8/16er Splitt, am besten jedoch Mineralbeton (gebrochenes Unterbaumaterial 0/16). Nach Maßgabe der Schnüre planieren Sie diese Schicht mit dem Rechen 2 cm genau ein. Wenn Sie abgerüttelt haben (Anfeuchten des Materials verhindert Staubentwicklung), ist die Lage noch etwa 3 bis 4 cm stark. Nun tragen Sie Brechsand auf (4 bis 5 cm stark) und planieren nach den Schnüren. Nach dem Einrütteln liegt die dünne Deckschicht aus Brechsand 1,5 bis 2 cm plan unter Schnur.

2. Wässern Sie jetzt die gesamte Fläche mit Hilfe einer Schlauchbrause, bei kleineren Flächen genügt die Gießkanne. Dann verdichten Sie den Belag. Am effektivsten arbeiten Sie mit einer Rüttelwalze oder -platte.

3. Ein letztes Abstreuen der Wegedecke mit Kiesel oder Ziersplitt (4/8er, 2/5er bzw. 8/16er oder 5/8er) schließt leichte Unebenheiten (Auftrag 1,5 bis 2 cm).

4. Die Ränder der wassergebundenen Decke können eingefaßt werden: mit Klinkerrollierung, Bord- oder Leistensteinen, Kopfsteinzeilen oder Fichtenhölzern.

1

2

3

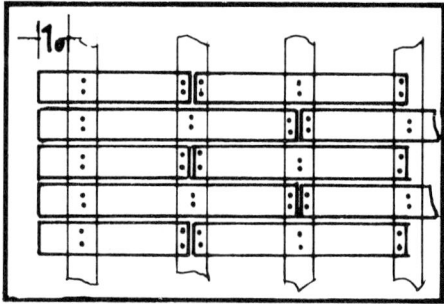

4

Ein Holzdeck bauen

Ein Wegebelag aus Holz hat viele Vorteile. Holzdecks sind in höchstem Maße begehfreundlich, da leicht nachfedernd. Im Sommer heizen sie sich weniger auf als z. B. ein roter Klinkerbelag, dafür kühlen sie in der kalten Jahreszeit weniger ab.

1. Stellen sie einen Unterbau aus Kies her, wenn Sie nicht direkt auf einem Unterbeton (z. B. auf einem Garagendach) verlegen. Der Unterbau hat ein Gefälle von 1 bis 2 Prozent vom Haus weg. Die Entwässerung des Holzbelags ist gesichert dadurch, daß durch die Abstände zwischen den Belagsbrettern das Wasser abfließen und im Unterbau versickern kann. Ganz sicher gehen Sie jedoch, wenn Ihr Holzaufbau dem Gefälle des Unterbaus folgt. Spannen Sie sich Ihre Schnüre in gewünschter Höhe, rechtwinklig zur Verlegerichtung der Belagsbretter.

2. Fertige Holzroste verlegen Sie wie Platten auf einer Ausgleichsschicht aus Splitt. Sie können sie aber auch wie auf Maß geschnittene Belagsbretter statt auf Splitt auf einer Tramlage verlegen.

3. Die Tramlage, Kanthölzer (6/8er oder besser 10/10er), auf die die Belagsbretter aufgeschraubt werden, richten Sie unter Ihren Höhenschnüren aus. Je nach Stärke der Belagsbretter kommt die Tramlage 2,5 cm, 3,6 oder 5 cm unter Schnur zu liegen. Bei Unterbeton schieben Sie Holzkeile oder Flacheisen in verschiedenen Stärken unter die Kanthölzer. Bei der Verlegung auf Unterbaukies betten Sie sie auf richtiger Höhe in Splitt.

4. Bei auf Maß geschnittenen Belagsbrettern (2,5 cm, 3,6 oder 5 cm stark; 10, 14 oder 20 cm breit) richten Sie die Unterhölzer im Abstand von etwa 60 cm ein, damit die Bretter nicht durchhängen. Aus Stabilitätsgründen dürfen die Bretter an den Rändern nicht mehr als 10 cm über die letzte Tramlage überstehen.

5. Wenn Sie quadratische Holzroste auf Tramlagen verlegen wollen, wählen Sie deren Abstände so, daß ein Kantholz unter dem Stoß zweier Roste zu liegen kommt und das nächste mittig unter dem Holzrost usw.

6. Nun können Sie sich die Belagsbretter auf den Tramlagen auslegen. Befestigen Sie das erste Brett auf jeder Tramlage. Verwenden Sie dazu Ihre Bohrmaschine mit dem passenden Kreuzschlitzaufsatz und je 2 Spax pro Tramlage. Von der Hauswand halten Sie einen Randabstand von etwa 1 cm. Am besten bohren Sie jedes Schraubloch vor, damit beim späteren Trocknen des Holzes an dieser Stelle keine Risse entstehen.

7. Alle weiteren Bretter befestigen Sie genauso im Abstand von etwa 1 cm. Ziehen Sie sich über den Tramlagen einen Strich auf den Brettern oder spannen Sie sich eine Schnur. Auf dieser Linie bohren Sie dann die Löcher für die Spanplatten-Schrauben.

8. Eine andere Möglichkeit ist, das Deck auf einer freitragenden Unterkonstruktion zu verlegen. Diese Lösung bietet sich z. B. bei Hanglage eines Hauses an. Erstellen Sie für ein erhöht liegendes Holzdeck zunächst die Fundamente in einer Größe von 20 × 20 cm. Sie reichen bis auf Frosttiefe in den Untergrund, die Oberkante liegt etwas tiefer als die zukünftige Geländeplanie, damit die Fundamente später nicht sichtbar sind.

Bauen Sie Balkenschuhe in die Fundamente mit ein. Es gibt sie vorgefertigt im Fachhandel. Montieren Sie senkrechte Pfosten auf die Balkenschuhe. Befestigen Sie Tragbalken an den Pfosten und an der Hauswand mit im Fachhandel erhältlichen Winkeln oder auf einem an der Hauswand montierten Balken. Der Querschnitt der Tragbalken ist abhängig von der Breite des Holzdecks. Für eine Breite von z. B. 3 m ist ein Querschnitt 18/10 notwendig. Ein rechteckiger Querschnitt wirkt weniger wuchtig als ein quadratischer. Diese Unterkonstruktionen, bestehend aus Fundament, Pfosten und Tragbalken, werden in einem bestimmten Abstand voneinander am Haus angebracht. Ausschlaggebend ist die Stärke der Belagsbretter. Bei 5 cm starkem Lärchenholz-Paneelbelag ist ein Abstand von 1,2 m ausreichend. Den Paneelbelag montieren Sie wie oben beschrieben.

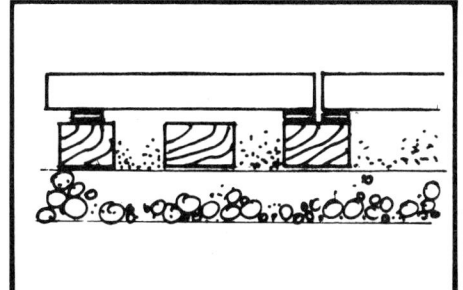

5

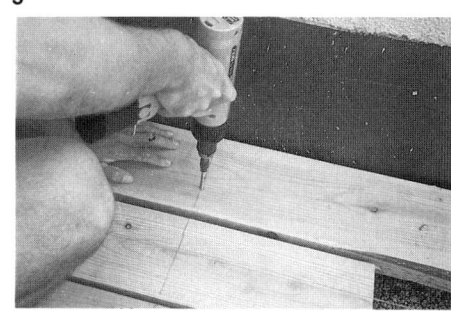

6

7

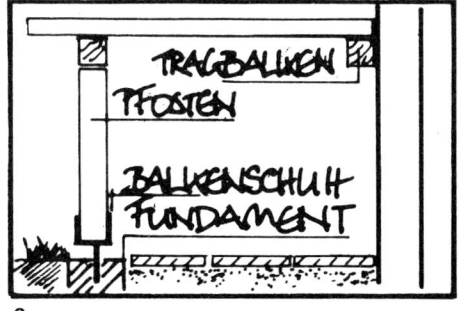

8

1

2

3

Randbefestigungen anlegen

Sofern das Gelände auf gleicher Höhe anplaniert werden kann, können Sie auf eine überstehende Wegeinfassung verzichten. Nur bei Kieswegen ist eine feste Randausbildung notwendig.

1. In der Regel verwenden Sie dasselbe Material wie für den Belag. Aus Beton sind Beeteinfassungen und Kantensteine in verschiedenen Ausmessungen im Handel. Eine Klinkerfläche erhält optisch ansprechenden Halt durch eine sogenannte Klinkerrollierung. Dazu werden die Klinker hochkant-quer am Rand verlegt. Natursteinpflaster befestigen Sie am schönsten mit Kantensteinen aus demselben Stein oder Kopfstein-Einzeilern bzw. Kleinstein-Zweizeilern. Bruchplatten oder Natursteinplatten erhalten meist nur einen Mörtelkeil.

2. Spannen Sie sich die Schnur auf fertige Höhe an der Innenkante der Randeinfassung zum Belag. Heben Sie einen für das Material genügend breiten Graben aus und verdichten Sie mit dem Motor- oder Handstampfer. Heben Sie so tief aus, daß nach dem Verdichten Material und etwa 10 cm Mörtel unter Schnur Platz haben.

3. Verwenden Sie einen schwachen erdfeuchten Mörtel (B10 oder B15). Wenn Sie von Hand mischen, benötigen Sie Natursand 0/4 oder Frostschutzkies 0/16 und Zement im Verhältnis 4:1. Bei Klinkerbänderungen nehmen Sie Traßzement, um Ausblühungen zu vermeiden. Seien Sie sparsam bei der Wasserzugabe, sonst »schwimmen« Ihnen die Steine beim Anklopfen davon. Verteilen Sie den Mörtel unter Schnur und setzen Sie die Abschlußsteine so, daß sie etwa 2 cm über Schnur liegen. Klopfen Sie sie auf die fertige Höhe in das Mörtelbett. Betonkantensteine und Beeteinfassungen setzen Sie knirsch, Klinker und Naturstein mit 0,5 bis 1,5 cm Fuge. Ausgefugt wird mit Sand.

Stufen erstellen

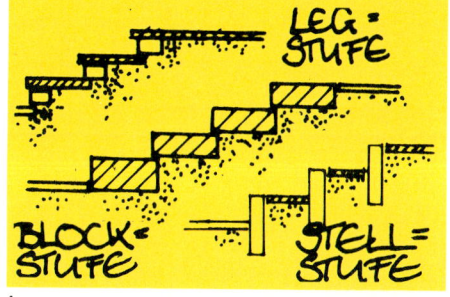

Wenn die Steigung von Gartenwegen 7 Prozent überschreitet, müssen Sie Einzelstufen oder Treppen vorsehen.

1.–2. Die solideste und schönste Stufenart ist die Blockstufe. Sie ist aus einem vollen Gesteinsstück gehauen oder gesägt, aus Beton gegossen, oder sie besteht einfach aus einem Stück Holzschwelle.

Legstufen werden aus Platten von etwa 5 bis 8 cm Stärke gebildet, die mit Unterlagen aus gleichem Material versehen werden. Durch die Stärke der Unterlagen kann die Stufenhöhe reguliert werden. Stufenplatten erhalten Sie in verschiedenen Breiten (z. B. 0,8, 1, 1,2, 1,4, 1,5 m); die Auftrittsbreite ist meist 40 cm.

Stufen, bei denen die Platten gestellt werden, heißen Stellstufen. Die Stellplatten hinterfüllt man, stampft gut ab und pflastert die Auftritte aus. Einzelstufen im Gelände müssen an markanten Punkten angelegt werden.

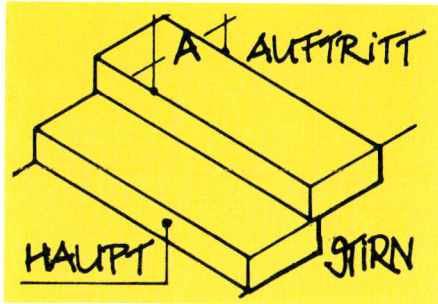

3. Bevor Sie an die Arbeit gehen, müssen Sie das Verhältnis zwischen Stufenhöhe und Breite des Auftritts festlegen. Die Summe aus doppelter Stufenhöhe plus Auftrittsbreite soll die mittlere Schrittlänge (65 bis 70 cm) ergeben. Das Stufenmaß errechnet sich wie folgt: 10 + 10 + 45 = 65 cm oder 14 + 14 + 41 = 69 cm. Beachten Sie jedoch, daß zur Auftrittsbreite die Zentimeterzahl hinzukommt, die Sie für die Auflage der nächsten Stufe benötigen. Alle Stufen erhalten ein Entwässerungsgefälle von 2 bis 4 Prozent.

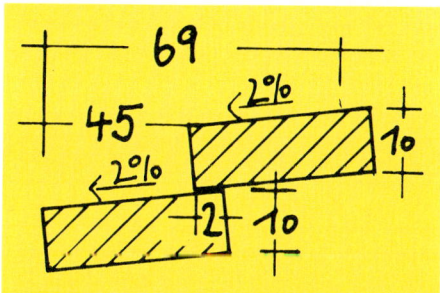

4. Stecken Sie den späteren Treppenverlauf knapp außerhalb ab, damit Sie ungehindert arbeiten können, und schlagen Sie die Eisen so ein, daß Hinterkante, Schnureisen und Vorderkante der Stufe eins sind. Die Höhenmarkierung erfolgt auf fertiger Höhe, entlang einer Wand wird nur angezeichnet.

5

6

7

Blockstufen können Sie auf gewachsenen Grund verlegen, der dem Stufenverlauf entsprechend ausgegraben und genügend verdichtet wird. Für ein Betonfundament heben Sie das Erdreich 40 bis 50 cm unter Schnur aus, so daß eine abgetreppte Fundamentsohle entsteht. Verdichten Sie und tragen Sie Kies oder Schotter für den Unterbau auf. Verdichtet soll der Unterbau etwa 20 cm stark sein. Groß- oder Kantensteine, die hinterpflastert werden bzw. Blockstufen setzen Sie direkt auf eine im verdichteten Zustand 10 cm starke Mörtelschicht (0/16er Körnung). Dünnes Material (Stufenplatten, Klinkerrollierung) erhält einen zusätzlichen Unterbeton. Auf den verdichteten, gröberen Beton kommt eine dünne, nassere Mörtelschicht (0/4er Körnung), auf der Sie genauer verlegen können.

5. Bauen Sie jede Stufe einzeln ein und arbeiten Sie dabei von unten nach oben, damit beim Verdichten der Kies nicht unter den oberen, gesetzten Stufen wegrutscht. Die erste Blockstufe rücken Sie mit Hilfe einer Brechstange an die Schnur heran. Legen Sie beim Festklopfen ein Kantholz unter, damit der Stein nicht beschädigt wird. Überprüfen Sie Richtung und Gefälle. Hinterfüllen Sie diese erste Stufe und verdichten Sie. Damit nichts verrückt, sichern Sie die erste Stufe mit zwei davorgeschlagenen Schnureisen. Die zweite Stufe kommt etwa 2 cm auf der ersten zu liegen. Für Stellstufen können Sie Kantensteine desselben Materials wie für den Wegebau als Auftrittskanten verwenden. Setzen Sie sie auf ein Fundament aus Magerbeton, füllen Sie nach dem Aushärten des Betons Splitt in die Auftritte und pflastern Sie die Auftrittsfläche mit Klein- oder Mosaikstein aus. Prüfen Sie das Gefälle und lassen Sie die Pflastersteine 0,5 bis 1 cm erhöht. Verdichtet wird mit einer Handramme.

6.–7. Ab der dritten Stufe überprüfen Sie immer wieder mit der Richtlatte, ob die Stufenvorderkanten genau auf einer Linie liegen. Legen Sie dazu die Richtlatte auf alle drei bzw. mehrere Stufen an. Zwischen Vorderkante und Richtlatte darf bei keiner Stufe ein größerer Abstand als 0,5 cm liegen. Sie können bei frei auf dem Gelände liegenden Treppen auf Einfassungen verzichten.

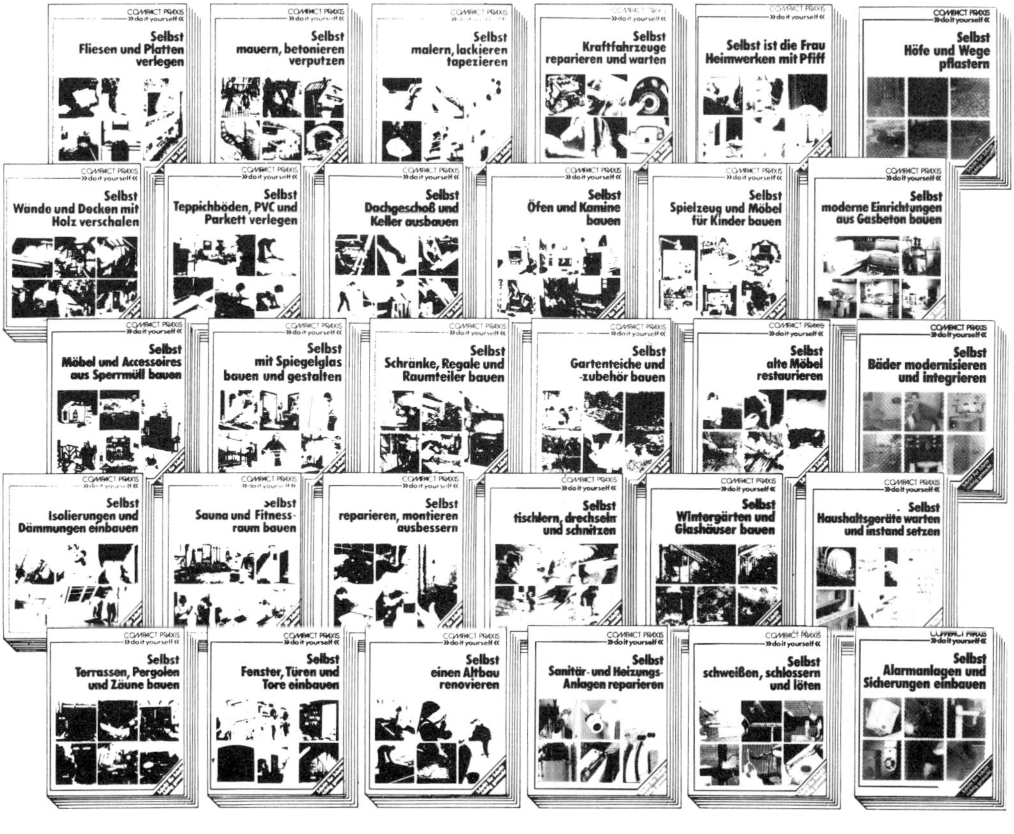

Vom Gartentor zur Wohnungstür

Material

Klinker und Betonplatten, alternativ: Rechteck-platten, Rundkies 0/32, Splitt 2/5.

Werkzeug

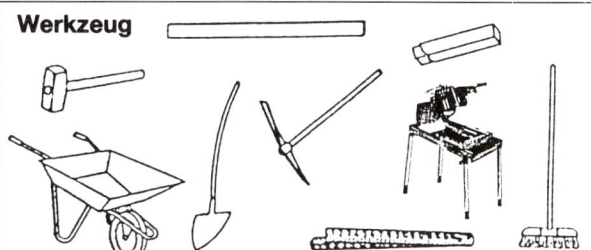

Schwierigkeitsgrad

0	1	2	3

Kraftaufwand

0	1	2	3

Arbeitszeit

Für Unterbau herrichten und Ver-legearbeiten benötigen Sie pro qm etwa ³/₄ bis 1 Stunde.

Ersparnis

Dadurch können Sie pro qm 40 bis 50 DM sparen.

1

2

3

4

5

6

1.–2. Geben Sie dem Weg zu Ihrem Haus eine unverwechselbare Prägung. Er soll repräsentativ wirken und individuell aussehen. Der gezeigte Hauszugangsweg in Klinker erhält seinen Reiz durch vereinzelt eingebaute Betonplatten. Verwenden Sie die Platten des alten Belags wieder oder kaufen Sie sie im Baumarkt. Entscheiden Sie sich für Platten mit glatter Oberfläche, diese harmonieren am besten mit dem glatten roten Klinkerstein. Es gibt Klinker und Betonplatten mit und ohne gefaßte Kanten. Für ein und denselben Belag verwenden Sie jeweils dieselbe Ausführung, damit die Ausformung der Fugen zwischen Platten und Klinker gleich bleibt.

Arbeitsanleitung

3.–4. Zunächst stecken Sie die Fläche in Umfang und Wegeführung ab. Sie markieren den Hauseingang und das Gartentor mit Eisen, ebenso die Punkte, an denen sich das Gefälle ändert oder an denen die Wegerichtung wechselt. Der Belag muß an der Haustür 1 bis 2 cm unter der Schwelle bleiben. Sind Stufen unter der Haustür vorhanden, schließen Sie mit dem Belag an der untersten an. Tragen Sie die spätere Belagshöhe mit Ölkreide an den Eisen an. Spannen Sie eine Maurerschnur im Wasser von den Eisen an der Haustür zu den Eisen am Gartentor, so können Sie die Gefällesituation überprüfen. Liegt die Höhe der Schnur über dem Belag des Gehsteigs, so heißt das, das Gefälle führt vom Haus weg. Messen Sie auf den Gehsteig hinunter und teilen Sie diese Differenz durch die Entfernung zur Haustür in Metern. Das Ergebnis ist die Gefälleangabe in Prozent (z.B. 2 % = 2 cm Höhendifferenz auf 1 m Länge).

Stößt die Schnur unterhalb der Belagshöhe an den Gehsteig, bedeutet dies ein Gefälle zum Haus hin. In diesem Fall müssen Sie eine Stufe vorsehen, auf die das Wasser vom Gartentor aus hingeführt werden kann, um nach der Seite abzufließen.

Die Entwässerung erfolgt nur im dringendsten Fall in einen Gully. Geben Sie der Fläche neben einem optimalen Längsgefälle von 2 Prozent ein Seitengefälle von 1 bis 2 Prozent und lassen Sie das Wasser in anschließende Pflanzflächen laufen.

Errechnen Sie für alle Eisen zwischen Haustür und Garagentor die entsprechenden Minushöhen und tragen Sie diese unterhalb der Markierung für die Höhe der Schwelle an. Spannen Sie auf diesen Minushöhen eine Schnur, die die fertige Belagshöhe anzeigt. Sie können auch die Schlauchwaage von Eisen zu Eisen halten und auf Höhe des Wasserspiegels die Markierung der Haustürschwelle anbringen. Von dort aus messen Sie die errechneten Minushöhen exakt ab und tragen diese dann an die Eisen an.

5. Entsprechend der Stärke des Schichtaufbaus koffern Sie nun 18 bis 20 cm unter Schnur aus. Der Schichtaufbau soll 20 cm betragen, koffern Sie aber 1 bis 2 cm weniger aus, da beim Abrütteln des Untergrunds dieser etwas nachgibt. Diese Senkung tritt ebenfalls ein beim Abrütteln der Tragschicht. Eine 10 cm starke Tragschicht bringen Sie also etwa bis 8 cm unter Schnur auf, so daß sie nach dem wiederholten Abrütteln bei 10 cm unter Schnur liegt. Verwenden Sie für die Tragschicht Ihres Eingangswegs Rundkies mit der Körnung 0/32 mm.

6.–7. Auf die verdichtete Tragschicht füllen Sie den Splitt in einer Körnung von 2/5. Bei der Verwendung dieses Materials müssen Sie genau arbeiten, da es sich um höchstens 1/2 cm während des späteren Abrüttelns setzt. Abziehen des Splitts und Verlegen der Klinker folgen direkt aufeinander, gehen Sie also in für Sie überschaubaren Abschnitten vor (vgl. Grundkurs, S. 45).

8. Die Betonplatten legen Sie zu jeweils 2 bis 4 Stück in den Klinkerverband mit hinein.

Achten Sie dabei darauf, daß der Fugenverlauf der Klinker durch das Einfügen der Platten nicht durcheinander gebracht wird.

Wenn Sie Platten in der Größe von 50 × 50 cm gekauft haben, so müssen Sie sie auf die passende Größe zurechtschneiden. Verwenden Sie dazu eine Tischsteinsäge mit Wasserspülung oder einen Trennschleifer. Zeichnen Sie die ausgemessene Größe mit geradem Strich auf die Platte und arbeiten Sie nach dieser Markierung. Legen Sie die Betonplatten nicht in Gefälleknicklinien, da sie diesen Bruch nicht mitmachen.

7

8

9

Arbeitsanleitungen

10

11

12

9. Achten Sie beim Verlegen darauf, daß die Richtung der Fugen gleich bleibt. Dafür spannen Sie sich eine Schnur vom Haus zum Gehsteig, mit der Sie den von Ihnen gewünschten senkrechten Fugenverlauf markieren. Zur Überprüfung des waagrechten Fugenverlaufs spannen Sie sich im rechten Winkel auf diese Schnur alle 2 bis 3 m weitere Hilfsschnüre. Gegebenenfalls müssen Sie durch Rücken mit dem Spaten und Klopfen gegen ein Kantholz am Werkende die Reihen wieder gerade ausrichten. Die Betonplatten bewegen sich bei diesem Verfahren mit.

10.–11. Wenn Sie auf diese Weise die Richtung des Klinkerverbands parallel zur Hauskante beibehalten haben, kann es passieren, daß der Abschluß zum Gehsteig eine ungleich verlaufende Fuge ist. Es gibt mehrere Möglichkeiten, diese Fuge zu schließen. Sie können eine schmale Fuge von 2 bis 4 cm mit Mörtel schließen, dem Sie vorher einen dem Klinker entsprechenden Farbstoff hinzugefügt haben. Eine andere Möglichkeit ist das Anpassen der einzelnen Klinker an den Gehsteigrand. Zeichnen Sie die Fugenbreite an den Stein und schneiden Sie ihn mit dem Trennschleifer. Ein gelungener Übergang zwischen dem Klinker und dem Belag des Gehsteigs ist ein Abschluß in Granitpflaster.

12. Eine Alternative zum Klinkerpflaster bietet die Verlegung von Rechteckplatten. Im sogenannten »römischen Verband« verlegt, bilden sie einen ansprechenden Wegebelag. Rechteckplatten gibt es sowohl aus Naturstein als auch aus Beton. Achten Sie bei der Materialwahl auf das Gesamterscheinungsbild.

13. Für den »römischen Verband« werden Rechteckplatten unregelmäßig und kreuzfugenfrei verlegt. Lange, durchlaufende Fugen müssen vermieden werden, denn sie wirken wie eine Trennlinie. Verwenden Sie drei verschiedene Plattengrößen, die untereinander kombinierbar sein sollten. Außerdem brauchen Sie unterschiedliche Mengen der verschiedenen Größen. Verwenden Sie Betonplatten, kaufen Sie 40 Prozent 75 × 50 cm, 50 Prozent 50 × 50 cm und 10 Prozent 25 × 50 cm (die Prozentangaben beziehen sich auf die qm Gesamtfläche). Wie Sie sehen, sind die

Plattengrößen untereinander kombinierbar, und die kleinste Plattengröße wird am wenigsten verwendet.

14. Wählen Sie die Wegebreite so, daß Sie erstens einen geraden Randabschluß erzielen und zweitens bei der Benutzung genügend Bewegungsraum haben. Bei 50-cm-Maßen ist diese Breite 1,25 m, bei der Verwendung von Platten mit 40-cm-Maßen 1,2 m. Bei dieser Breite können Sie verschiedene Plattenmaße sehr gut miteinander zu einem ansprechenden Fugenbild kombinieren.

Wird der Zugang zum Haus ausschließlich begangen und mit Fahrrädern befahren, sieht der Wegeaufbau wie folgt aus: Plattenstärke in Zentimetern plus 5 cm Ausgleichsschicht aus Splitt 5/8 plus 10 cm Tragschicht aus Rundkies 0/32. Das Abstecken und die Erdarbeiten erfolgen wie im Beispiel des Klinkerwegs beschrieben (vgl. Arbeitsanleitung »Klinkerhöfchen mit Wasserrinne«, S. 115).

Die Entwässerung sollte möglichst in eine Pflanzfläche erfolgen, da ein Gullyrost sehr störend im Erscheinungsbild wirkt.

15. Nach dem Abrütteln der Tragschicht verlegen Sie die Platten auf den lose liegenden Splitt.

Spannen Sie sich jeweils am Wegerand eine Schnur, die Ihnen Höhe und Richtung vorgibt. Verlegen Sie die Platten einzeln im Arbeitsgang rückwärts, also so, daß Sie das Ziel Ihres Wegs im Rücken und die schon gepflasterte Fläche vor sich haben. Bei dieser Einzelverlegung ist eine häufige Kontrolle der Anschlußhöhe zu den Nachbarplatten mittels Wasserwaage notwendig.

Die Fugenbreite sollte höchstens 1 cm betragen. Sie können die Fugenbreite allerdings auch vergrößern, wenn es Ihre Absicht ist, in den Fugen Gräser oder Moose wachsen zu lassen.

Der Fugenverlauf sollte gleichmäßig parallel bleiben und sich senkrecht auf die anschließende Hauswand richten. Im Anschluß an den Gehsteig verlegen Sie paßgenau geschnittene Platten. In Ausnahmefällen verwenden Sie Pflastersteine desselben Materials und schließen damit das letzte Stück zum Gehsteig.

13

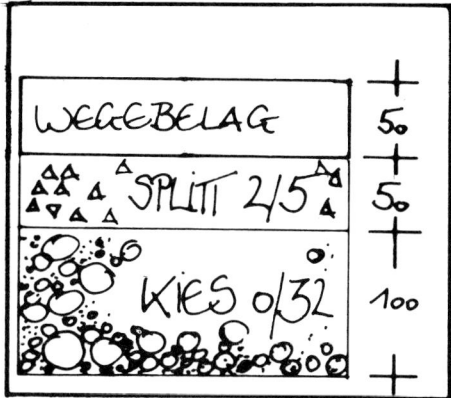
14

15

Garagenzufahrt –
zwei Vorschläge

Material
Kleinstein, Schotter 35/55, Splitt 2/5, Rinnensteine, Betonrinne, Klinkerplatten, Rasengittersteine.

Werkzeug

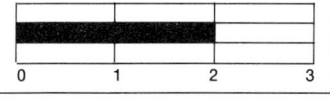
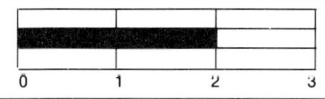

Schwierigkeitsgrad

0	1	2	3

Kraftaufwand

0	1	2	3

Arbeitszeit
Je nach Materialwahl müssen Sie für Vor- und Verlegearbeiten pro qm 1/2 bis 2 Stunden einplanen.

Ersparnis
Durch Eigenleistung sparen Sie rund 25 bis 100 DM pro qm.

1

2

3

67

4

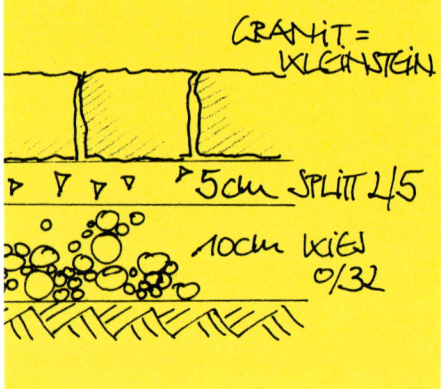

5

6

Wassergebundene Decke

1. Die Zufahrt zur Garage muß nicht immer gepflastert oder mit Platten befestigt sein. In vielen Fällen genügt es, eine wassergebundene Decke herzustellen. Die Zufahrt sollte eine Breite von mindestens 3 m haben, denn Sie brauchen Platz zum Ein- und Aussteigen. Orientieren Sie sich am besten an der Breite Ihrer Garage. Der Eingangsweg neben der Zufahrt sollte der besseren Begehbarkeit wegen gepflastert sein. Die Breite sollten Sie 1,4 bis 1,6 m anlegen. Führen Sie einen Pflasterstreifen rings um die Fläche der Zufahrt, die wassergebundene Decke kommt durch diese Einfassung besser zur Wirkung. Der Pflasterstreifen hat auch technische Vorteile: die Ränder der wassergebundenen Decke lassen sich besser von aufwachsendem Unkraut freihalten, falls dies gewünscht ist, zudem garantiert unter dem Garagentor ein fester Rand sicheren Zugang.

Arbeitsanleitung

2. Stecken Sie den geplanten Wegeverlauf mit Eisen ab und überprüfen Sie das Gefälle (vgl. S. 42). Auch in dieser Situation heißt es: möglichst in eine Pflanzfläche entwässern, nur in Ausnahmefällen in einen Gully. Legen Sie das Gefälle nicht auf die wassergebundene Decke!

3. Haben Sie die Gefällesituation des Eingangswegs und der zu errichtenden Zufahrt überprüft, setzen Sie Ihre Eisen für die Zufahrt, an denen Sie die notwendigen Markierungen anbringen, und koffern die gesamte Fläche aus. Erleichtern Sie sich die Bearbeitung einer so großen Fläche durch die Verwendung eines Minibaggers oder Kompaktladers (vgl. »Mietgeräte«, S. 10).

4. Das einfachste Verlegemuster für den Weg aus Kleinstein ist die Verlegung in Reihen ohne Kreuzfuge. Beginnen Sie mit der Randausbildung, für die Sie drei Reihen Kleinstein als Abschlußzeile zur wassergebundenen Decke in Mörtel verlegen. Wenn Sie es wünschen, verlegen Sie die Abschlußzeile zweireihig, das kann bei einem schmalen Weg besser aussehen. Fertigen Sie sich bei der Planung eine Zeichnung an, um die unterschiedliche Wirkung auszuprobieren.

5. Der Schnitt zeigt den Wegeaufbau: 10 cm Tragschicht

aus Rundkies 0/32 plus 5 cm Ausgleichsschicht aus Splitt 2/5, auf der das Granitkleinsteinpflaster verlegt wird. Auf 25 cm Minushöhe muß der Untergrund nach dem Verdichten unter Schnur liegen. Denken Sie an die Setzung des Untergrunds beim Verdichten und koffern Sie 1 bis 2 cm weniger aus (= 23–24 cm). Nach dem Aufbringen und Verdichten der Tragschicht setzen Sie den Rand aus drei Reihen Kleinstein in Mörtel. Sollten Sie den Mörtel selbst mischen, stellen Sie eine Mischung von 4:1 aus Pflastersand 2/4 und Zement her. Wenn Sie eine Fertigmischung im Werk kaufen, verlangen Sie B 15 in der geschätzten Menge.

6. Sie haben jetzt die Breite des Wegs abgesteckt und eine Schnur gespannt. Setzen Sie nun auf der dem Haus zugewandten Seite die Kleinsteinreihen in ein Mörtelbett. Die Breite der Abschlußzeile sollte zweireihig etwa 23 bis 24 cm betragen, eine dreireihige Abschlußzeile eine Breite von 33 bis 35 cm haben. Vermeiden Sie Kreuzfugen. Fertigen Sie auf der Seite zur wassergebundenen Decke hin eine Rückenstütze von 2/3 Steinhöhe an. Zur Weginnenseite muß die Rückenstütze niedriger bleiben, damit Sie die anschließenden Steine ohne Schwierigkeiten verlegen können.

7. Nach dem Trocknen des Mörtels (1–2 Tage) bringen Sie den Splitt auf und verlegen die Kleinsteine im Arbeitsgang rückwärts auf den Gehweg hin. Die Fugenausformung können Sie beliebig wählen. Denken Sie daran, die Fugen gut mit Sand auszukehren, wenn Sie sie breiter als 1 cm machen. Wollen Sie, daß in den Fugen auch Gras wächst, kehren Sie sie mit Oberboden ein. Schließen Sie einen Belag mit breiten Fugen mit zwei Reihen engverlegten Steinen gegen den Belag des Gehsteigs ab.

8. Die Zeichnung zeigt Ihnen den Aufbau der wassergebundenen Decke. Der gesamte Schichtaufbau beträgt 22 cm. Sie müssen die Fläche der Zufahrt also nicht ganz so tief auskoffern, wie die des Zugangwegs. Rings um die Fläche der wassergebundenen Decke legen Sie eine Umrahmung an. Spannen Sie eine Schnur und bringen Sie auf den verdichteten Untergrund eine Tragschicht aus Kies 0/32 auf. Nach dem Verdichten

7

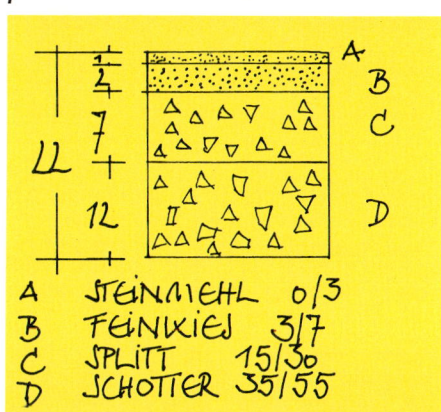

8

A STEINMEHL 0/3
B FEINKIES 3/7
C SPLITT 15/30
D SCHOTTER 35/55

9

10

11

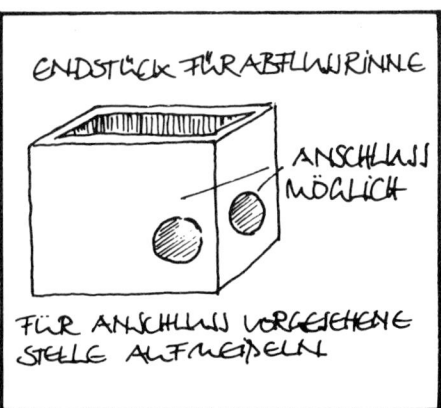

12

muß diese bei 15 cm Minushöhe liegen. Die Verdichtung erfolgt am einfachsten mit einem Stampfer.

9. Auf diese Tragschicht verlegen Sie zwei oder drei Reihen Kleinstein in Mörtel desselben Mischungsverhältnisses wie oben beschrieben. Danach bringen Sie auf den abgerüttelten Untergrund Schotter 35/55 auf und verdichten ihn so, daß er anschließend bei 10 cm Minushöhe liegt. Bei 3 cm Minushöhe muß die Oberfläche des Splitts 15/30 liegen. Die beiden abschließenden Schichten werden vor und während des Verdichtens befeuchtet. Besprühen Sie sie mit Wasser, bis die Oberfläche feucht glänzt, es darf allerdings kein Wasser stehen bleiben. Für eine gründliche Verdichtung der einzelnen Schichten verwenden Sie eine Rüttelwalze.

Rinne aus gebrauchtem Naturstein

10. Für die Entwässerung sorgen in diesem Beispiel die beiden Rinnen aus Naturstein. Sie leiten das Wasser ab und führen es in eine Entwässerungsrinne, die zwischen Zufahrt und Gehweg eingebaut und an die Kanalisation angeschlossen ist. Legen Sie also Ihre Fläche mit 2 Prozent Gefälle auf die beiden Längsrinnen hin an. Wenn Sie keine Rinnenplatten bekommen können, legen Sie die Rinnen in Kleinstein an. Stecken Sie mit Eisen ab und koffern Sie aus. Auch in diesem Fall können Sie einen Minibagger verwenden.

11. Die Entwässerungsrinne mit Abdeckung vor dem Gehsteig bauen Sie als erstes ein. Diese Rinnen bestehen aus Betonformstein mit eingebautem Gefälle, es gibt sie in 1 m und 0,5 m Länge. Sie werden auf Beton gesetzt und mit Rückenstütze versehen. Denken Sie an den Kanalisationsanschluß und stellen Sie vor dem Einbau der Rinne sicher, daß ein unkompliziertes Anschließen möglich ist. Spannen Sie auf fertige Höhe der Entwässerungsrinne eine Schnur, Sie müssen der Abflußrinne ein Betonfundament von 10 cm geben.

12. Die Minushöhe errechnet sich also aus der Höhe der Rinne plus 10 cm. Koffern Sie aus und verdichten Sie die Standfläche der Rinne. Die einzelnen Rinnensteine werden auf einem Mörtelbett unter Schnur verlegt und mit dem Gummihammer festgeklopft. An der dafür vorgesehenen Stelle an der Stirn oder Seite des

Abschlußstücks meißeln Sie einen Durchlaß für das Rohr, mit dem Sie an die Kanalisation anschließen. Dieser Abschluß wird nach dem Einfügen des Rohrs vermörtelt.

13. Steht die Betonrinne, bringen Sie auf dem verdichteten Untergrund der Zufahrt die Tragschicht unter den beiden Längsrinnen auf und stampfen ab. Die erforderlichen Auftragshöhen entnehmen Sie der Zeichnung. Die Rinnen werden in Beton oder Mörtel gesetzt. Die Rinnenplatten gibt es in verschiedenen Längen und rund ausgeformt. Diese vertiefte Rundung für die Wasserführung müssen Sie bei einer Rinne aus Kleinstein sozusagen selber herstellen.

14. Nach dem Einbau der Rinnen stellen Sie die Belagsfläche aus Klinkerplatten her. Die Tragschicht wird auf die erforderliche Minushöhe aufgebracht und verdichtet. Auf die Ausgleichsschicht aus Splitt verlegen Sie die Klinkerplatten möglichst knirsch an die Rinnen.

Rasengittersteine

15. Der Belag aus Rasengittersteinen ist eine Alternative zu gepflasterten Flächen. Rasengittersteine verbinden eine gute Standfestigkeit mit dem Vorteil der Begrünung einer Fläche. Der große Unterschied dieses Belags zu einer geschlossenen Pflasterdecke ist seine gute Wasserdurchlässigkeit, die eine Ableitung des Regenwassers in den Untergrund ermöglicht und somit die Kanalisation entlastet.

Es gibt Rasengittersteine in verschiedenen Formen. Verwenden Sie die Ihnen zusagende Form, denn in technischer Hinsicht besteht kein Unterschied zwischen ihnen. Vielleicht gibt es bei Ihrem Baustoffhändler Verlegemuster, die Ihnen bei der Auswahl helfen können. Die Steine werden, wie alle anderen Beläge auch, auf einem standfesten Unterbau verlegt. Die 10 cm starke Tragschicht besteht aus Rundkies 0/32, die darüberliegende Ausgleichsschicht aus Splitt 2/5.

Nach vorausgegangener Planung der Höhenanschlüsse legen Sie eine Koffersohle an, wie in den vorherigen Arbeitsanleitungen beschrieben. Bauen Sie die Tragschicht und die Ausgleichsschicht ein. Die Rasengittersteine werden wie alle anderen Formsteine auf dem abgezogenen Splitt verlegt.

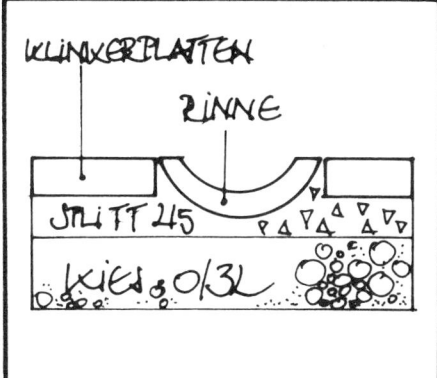

13

14

15

Rund ums Haus zum Gemüsegarten

Material
Rundkies 0/32, Splitt 2/5, Klinker, Granitmosaik.

Werkzeug

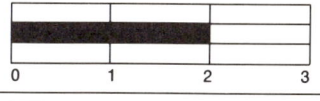
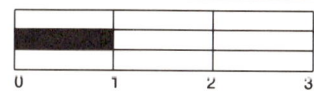

Schwierigkeitsgrad

0   1   2   3

Kraftaufwand

0   1   2   3

Arbeitszeit
Für Unterbau herrichten und Verlegearbeiten mit Klinker pro qm 1 Stunde, bei Mosaik rund 2 Stunden.

Ersparnis
Sie können damit zwischen 50 und 100 DM pro qm sparen.

1

2

3

4

5

6

1. Wenn Sie einen kleinen Garten haben, beschränken Sie sich bei der Anlage von Wegen am besten auf nur ein Material. Das bringt Ruhe in Ihren Garten. Bei einem Weg rund um das Haus bewirkt stets gleiches Material, daß sich der Benutzer förmlich »geführt« glaubt. Klinker mit seinen erdigen Farben und seiner strengen Form bietet sich für die Wegegestaltung an. Wem die rote Farbe zu dominant ist, der kann auf die Brauntöne ausweichen. Die Farbpalette der Klinker läßt Mischungen durchaus zu. Seien Sie aber sorgsam in der Auswahl, denn das Nebeneinander von vielen verschiedenen Farben kann schnell sehr bunt und unausgeglichen wirken. Besser sind Materialkombinationen von Klinker mit Naturstein.

2. Pflanzen ergeben einen wunderbaren Kontrast zu Klinker. Die unterschiedlichen Formen von Stein und Pflanze heben sich gegenseitig hervor. Pflanzen Sie bei ausreichender Wegbreite ruhig nahe an die Wegekante heran, so daß Stein und Pflanze ineinandergreifen können. Indem Sie die Wegekante nicht glatt abschließen, verstärken Sie diesen Effekt. Ein lückig verlegter Rand läßt Pflanzen genügend Platz, um an den Wegebelag heranzuwachsen. Sie legen bei einem Klinkerbelag die einzelnen Reihen in verschiedenen Längen und lassen Sie ins Pflanzbeet auslaufen.

3. Denken Sie daran, daß ein dunkler Wegebelag einen hellen pflanzlichen Kontrast braucht. Hellblättrige Pflanzen wachsen meist in sonnigen Bereichen. Planen Sie nun einen Weg, der im Schatten liegen wird, läßt sich ein Hell-Dunkel-Kontrast auf diesem Weg nicht erreichen. Setzen Sie Pflanzen an die Wegeränder, die in ihrer Blattform und in ihrer ganzen Erscheinung die Härte des Steins gut kontrastieren.

4. Arbeiten Sie in schattigen Bereichen nicht mit Materialien, die eine ganz glatte Oberfläche haben, denn im Schatten wachsen auf den Stei-

7

8

9

10

Arbeitsanleitungen

nen sehr schnell Moose und Algen, die regennasse Beläge in gefährliche Rutschbahnen verwandeln. Verwenden Sie Materialien mit rauher Oberfläche (Pflasterstein) und sehen Sie in jedem Fall ein Gefälle vor, das Regenwasser mit Sicherheit von der Wegefläche abführt.

5. Wenn Sie für den Weg rund um das Haus nur ein Material verwendet haben, bietet es sich an, wenn ein Gartenweg zum Gemüsegarten abzweigt, den Wegeanschluß als etwas Besonderes zu gestalten. Der Wegebenutzer stößt auf ein verändertes Verlegemuster und wird auf den

Richtungswechsel aufmerksam gemacht. Im folgenden Beispiel ist der Wegeanschluß in die Fläche des Rundwegs »eingeschnitten«, es entsteht ein Versatz. Dieser Versatz kann schräg sein, wie nebenstehend abgebildet, aber auch ein gerader Wegeanschluß kommt zur Geltung.

6. Wenn Sie viel im Gemüsegarten arbeiten, ist es sinnvoll, den Weg dorthin zu befestigen. Kein aufgeweichter Boden oder abgetretener Rasen wird Sie mehr behindern. Gerade wenn Sie Materialien und Pflanzen rund ums Haus transportieren müssen, weil im hinteren Gartenbereich

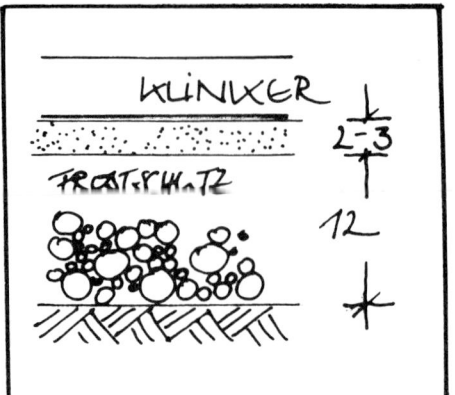

KLINKER

2-3

12

FROSTSCHUTZ

11

12

13

kein Tor vorhanden ist, erleichtert ein fester Wegebelag den Zugang. Beim Abstecken der Wegbreite orientieren Sie sich an der voraussichtlichen Nutzung: Wie häufig werden Sie den Weg benutzen? Werden dort mehrere Leute auf einmal gehen?

Wollen Sie den Rundweg ums Haus einladend gestalten und mühelos Materialien auf dem Schubkarren transportieren, legen Sie den Rundweg 0,8 bis 1,2 m breit an. Stimmen Sie die Wegbreite auf die für die Neuanlage des Wegs zur Verfügung stehende Fläche ab. Wollen Sie direkt am Haus Fahrräder abstellen, rechnen Sie noch einmal 0,6 m Breite hinzu.

7. Stecken Sie den Wegeverlauf mit der ausreichenden Zahl von Eisen ab und markieren Sie die fertige Belagshöhe mit Ölkreide an den Eisen.

Die Entwässerung erfolgt durch Seitengefälle in Pflanz- oder Rasenflächen hinein. Wollen Sie keine Pflanzung anlegen, so müssen Sie die Entwässerung über einen Gully vornehmen. Das bedeutet, daß Sie das Gefälle der Wegefläche so ausgestalten müssen, daß es den Wasserabfluß auf den Gully hin ermöglicht.

8.–10. Schließt der Weg direkt ans Haus an, legen Sie die fertige Höhe auf 1 bis 2 cm unter die Putzkante. Bei neuen Häusern ist diese Vorsichtsmaßnahme nicht mehr notwendig, wenn sie einen Sperrputz besitzen. Orientieren Sie sich an der Höhe der Haustürschwelle, sie ist maßgeblich für die fertige Höhe des Wegebelags. Bleiben Sie 1 bis 2 cm darunter und übertragen Sie sich diese Höhe mittels Schnurabsteckung.

Den gleichen Höhenabstand lassen Sie zur Oberkante von Lichtschächten. Legen Sie das Gefälle fest und zeichnen Sie an jedem Eisen die Minushöhe an. Dann spannen Sie sich Ihre Schnur. Kontrollieren Sie das Gefälle noch einmal mittels der Wasserwaage nach, die Sie an ein Eisen gelehnt sachte unter die Schnur halten. Die Luftblase steigt in Richtung des höchsten Punkts, die Markierungen auf der Röhrenlibelle geben Aufschluß über die Stärke der Neigung.

11. Der Wegeaufbau sieht wie folgt aus: 12 cm Tragschicht/Frostschutzschicht aus Wandkies 0/X, den Sie in einer nahegelegenen Kiesgrube direkt »aus der

Wand« bekommen. Ersatz bietet Rundkies in der Korngröße 0/32 oder sogenannter Mineralbeton, dessen gebrochenes Korn die Größe 0/30 oder 0/60 hat. Auf diese Frostschutzschicht wird der Sand in 3 cm Stärke aufgebracht. Auf dieser Schicht verlegen Sie die Klinker. Beachten Sie: die Kornanteile des Frostschutzkieses fügen sich beim wiederholten Abrütteln ineinander und senken sich ab.

Für eine 12 cm starke Schicht müssen Sie also 14 cm Material aufbringen. Sand verhält sich genauso, auch bei der Verwendung dieses Materials rechnen Sie mit 1 bis 2 cm Überhöhung.

Verlegen Sie die Klinker auf Splitt, ist die Überhöhung viel geringer, Sie können hier von höchstens 1 cm Setzung ausgehen. Verwenden Sie nun Kies und Sand als Wegeaufbau, koffern Sie auf 20 cm unter Schnur aus und bringen den Frostschutzkies nach dem Verdichten des Untergrunds auf 5 bis 6 cm unter Schnur auf.

Nach dem Abrütteln liegt diese Schicht auf 7 bis 8 cm unter Schnur. Das ist ausreichend für eine Ausgleichsschicht aus Sand in einer Dicke von 2 bis 3 cm (in verdichtetem Zustand!). Auf der glatt abgezogenen Ausgleichsschicht verlegen Sie die Klinker rund ums Haus.

12.–14. Den Versatz des Wegs zum Gemüsegarten stecken Sie sich mit Eisen ab, ebenso die Richtung dieses Wegs. So können Sie auf derselben Ausgleichsschicht in die Klinkerfläche des Rundwegs das wechselnde Muster des Gartenwegs einfügen.

Von Ihrer Gestaltung hängt es ab, wie genau Sie verfahren müssen. Sehr reizvoll ist es, die Übergänge mit Mosaikstein in einem Bett aus Splitt-Sand-Gemisch auszupflastern. Dadurch wird der Richtungswechsel noch einmal betont.

15. Ein Weg im Garten braucht ein Ziel oder einen Abschluß. Lassen Sie Ihren Gemüsegarten voll zur Geltung kommen, indem Sie den Weg auf eine Sitzbank hinführen, von der aus Sie Ihr Werk betrachten können. Führen Sie den Weg auf eine besondere Pflanzgruppe zu, bei der Sie gerne verweilen. Auch ein so praktisches Ziel wie ein Geräteschuppen hat seinen Sinn als Wegeabschluß.

14

15

Trockenen Fußes durch den Nutzgarten

Material
Betonplatten 35 × 35 cm und Granitgroßsteine, alternativ: Fichtenbretter oder Rindenmulch, Rundkies 0/32, Splitt 2/5.

Werkzeug

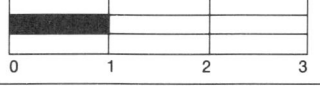

Schwierigkeitsgrad

0	1	2	3

Kraftaufwand

0	1	2	3

Arbeitszeit
Für Unterbau herrichten und Verlegearbeiten müssen Sie pro qm mit einer ³/₄ Stunde rechnen.

Ersparnis
Sie sparen sich rund 40 DM pro qm.

1

2

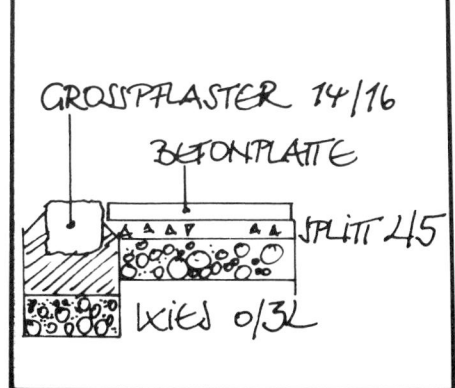

GROSSPFLASTER 14/16
BETONPLATTE
SPLITT 2/5
KIES 0/32

3

4

5

6

1. Legen Sie zwischen den Gemüsebeeten schmale Tritte an; damit erleichtern Sie sich die Gartenarbeit sehr. Wenn Wegeführung und Material stimmen, wird sich der Nutzgarten harmonisch in das Gesamtgefüge Ihres Gartens einpassen.

Das Nebeneinander von Nutz- und Zierpflanzen ist ein traditionelles Element alter Bauerngärten und verbindet den »Arbeitsraum« Gemüsegarten mit dem »Erholungsraum« Garten.

2. Wichtig ist zunächst ein gut begehbarer Weg, der den Nutzgarten mit dem Haus verbindet. Auf ihm sollten Sie bequem mit einem Schubkarren Platz haben. An diesen Weg legen Sie auch Ihre Kompostanlage, so daß Sie Küchen- und Gartenabfälle gleichermaßen direkt dorthin transportieren können. Sollte dieser Gartenweg gleichzeitig die Verbindung zum hinteren Ausgang Ihres Gartens sein, wie das in Reihenhausgärten häufig der Fall ist, sehen Sie einen befestigten Weg vor. In anderen Fällen sorgt ein mit Rindenmulch abgestreuter Weg schon für ausreichende Begehbarkeit.

3. Als Zugangsweg zum Gemüsegarten dient Ihnen z. B. eine mit glatten Betonplatten belegte Bahn in einer Einfassung aus Granitgroßsteinen. Stecken Sie den Wegeverlauf in 1,35 m Breite ab und markieren Sie die fertige Belagshöhe. Entwässert wird mit 2 Prozent Quergefälle in die Pflanzflächen hinein.

4.–5. Koffern Sie auf 20 cm unter Schnur aus und rütteln Sie den Untergrund gut ab. Beginnen Sie mit dem Setzen der Großsteine auf 5 cm dickem Mörtelbett direkt unter der Schnur auf der dem Weg zugewandten Seite. Der Stein muß zu $^2/_3$ in den Mörtel eingebunden sein (Rückenstütze). Ziehen Sie die Rückenstütze auf der Weginnenseite nicht zu hoch, es muß Platz für den angrenzenden Belag bleiben.

6. Nach dem Trocknen des Mörtels (1–2 Tage) können Sie die Frostschutzschicht (Rundkies

0/32) auf 6 bis 7 cm unter Schnur gefälle-gerecht aufbringen und verdichten. Dabei setzt sich die Schicht um 1 bis 2 cm. Von dieser Setzung ist es abhängig, wieviel Sand oder Splitt Sie aufbringen müssen. Ziehen Sie von dem Abstand zwischen Schnur und Oberfläche Frostschutzschicht die Dicke des Belags (hier Betonplatten) ab; die verbleibende Zentimeterzahl plus 2 cm benennt die Dicke der Ausgleichsschicht aus Sand. Der Sand setzt sich beim Verlegen der Platten. Arbeiten Sie mit Splitt als Ausgleichsschicht, ist die Setzung viel geringer, nämlich höchstens 1 cm.

7. Die Platten werden einzeln ins Sandbett verlegt. Arbeiten Sie rückwärts, also von der bearbeiteten Fläche weg. Die Platten werden im Kreuzverband verlegt. Achten Sie auf gleiche Fugenbreiten. Die gleichbleibende Fugenbreite zeigt handwerkliche Sorgfalt. Die Fugen können Sie statt mit Sand auch mit einem Gemisch aus Oberboden und Splitt einkehren. Die Platten sind genauso standfest, in den Fugen kann nun Gras wachsen. Sie können auch ganz gezielt Mauerpfeffer, Steinbrech oder Sternmoos hier ansiedeln.

8. Die Wegebefestigung innerhalb Ihres Nutzgartens muß nicht von der Standfestigkeit wie die des Gartenwegs sein. Die wechselnde Beeteinteilung verlangt nach einfach verlegten Materialien, die sich leicht wieder aufnehmen lassen. Es ist ausreichend, die Wegebeläge auf eine Ausgleichsschicht aus Sand-Splitt-Gemisch von 4 bis 5 cm aufzubringen. Den Untergrund können Sie mit dem Handstampfer verdichten. Die Abzweigung vom Gartenweg in die Wege zwischen den Beeten sollte ohne Stufe erfolgen, so daß Sie ohne Mühe vom Hauptweg zwischen die Beete hineinfahren können.

9. Das Material kann jetzt wechseln und weniger dauerhaft sein, so daß Sie gegebenenfalls die Einteilung Ihres Nutzgartens wieder ändern

7

8

9

10

11

können. Wenn Bretter als Wegebelag dienen, gelingt dies am einfachsten. Verwenden Sie z. B. unbehandelte Fichtenbretter von 2,5 bis 5 cm Dicke, die Sie auf einer Ausgleichsschicht aus Sand oder Splitt (3–4 cm) verlegen. Koffern Sie also den Untergrund aus in der Stärke von Brett plus Ausgleichsschicht und stampfen Sie mit dem Handstampfer ab.

Legen Sie jetzt die Bretter auf den Sand und klopfen Sie sie mit dem Hammer fest oder nehmen Sie Ihre Füße zuhilfe. An unbehandeltem Holz beginnt bei Erdkontakt die Fäulnis, aber für 2 bis 3 Vegetationsperioden ist diese Befestigung durchaus ausreichend. Mit Imprägnierungsmittel behandelte Bretter sollten Sie in Ihrem Nutzgarten nicht verwenden.

10. Ob Sie nun Beton oder Naturstein verwenden, mit der Technik des direkten Einbaus in die Erde lassen sich alle Platten sehr gut verlegen. Die Verlegetechnik läßt sich am Beispiel einer Platte mit 5 cm Dicke erklären: Koffern Sie den Untergrund in einer Stärke von 8 bis 9 cm aus, stampfen Sie ab und bringen Sie Sand oder Splitt auf, in den Sie die Platten verlegen.

11. Wollen Sie genau arbeiten, setzen Sie einige Eisen vom Gartenweg aus in die von Ihnen gewünschte Richtung. Spannen Sie auf fertiger Höhe eine Maurerschnur, unter der Sie die Platten paßgenau verlegen. Fühlen Sie sich in der Technik recht sicher, reicht die Schnur als Richtungsangabe. Überprüfen Sie aber mit aufgelegter Wasserwaage den korrekten Höhenverlauf des Wegs: Er muß in Längsrichtung im Wasser liegen und ein Quergefälle von 1 bis 2 Prozent haben.

12. Für den Einbau aller direkt eingebrachten Materialien gilt, den Untergrund möglichst im Wasser auszukoffern und abzustampfen, da sonst in Senkungen die Gefahr der Pfützenbildung gegeben ist. Sollte sich später eine Mulde bilden, ist die Reparatur ganz einfach: Aufheben der Platte und Einfügung von etwas Sand, so daß Sie die Platte leicht erhöht wieder einbauen können.

13. Noch einfacher ist es, die Wege zwischen den Beeten mit Rindenmulch abzudecken. Dafür verdichten Sie den Untergrund und in diese vertiefte Gasse geben Sie 4 bis 5 cm Rindenmulch. In dieser Stärke aufgebracht, verhindert der Rindenmulch auch das Aufwachsen von Unkräutern. Erneutes Aufbringen wird nötig bei Dünnerwerden der Schicht.

Vielleicht wollen Sie Ihr privates Gemüsebeet lieber bunter und künstlerischer gestalten. Für den Zuweg nehmen Sie in diesem Fall rote, gebrauchte Backsteine, längs gelegt als Einfassung, und streuen dazwischen mit Riesel ab. Die Wege zwischen den Beeten befestigen Sie mit gebrochenen Dachziegeln oder Natursteinsplittern aus Steinbrüchen bzw. mit Resten von Ihrer eigenen Steinbearbeitung. Kalkschotter eignet sich z. B. sehr gut. Optimal sind Steinsplitter in verschiedenen Farben, die Sie eventuell bei Ihrem Natursteinhändler ausfindig machen. Stecken Sie den Weg zum Nutzgarten in gewohnter Weise ab. Sie können den Weg in sich leicht verstufen, wenn Sie die Backsteine abwechselnd rechts und links der Schnur verlegen. Koffern Sie also diesmal an den Schnüren 20 cm breiter aus. Nach dem Erdaushub verdichten Sie mit dem Handstampfer und füllen eine dünne Schicht Frostschutzkies ein. Bei Nebenwegen reichen 5 cm Unterbau in verdichtetem Zustand. Nun legen Sie die Einfassungssteine längs der Schnur direkt auf den Unterbau. Seitlichen Halt bekommen sie durch das Anplanieren und Andrücken von lehmigem Humus. Zwischen den Backsteinzeilen füllen Sie noch einmal mit Unterbaukies auf, und zwar bis auf 2 cm unter der Oberkante der Steine in verdichtetem Zustand. Nun streuen Sie mit Riesel 2 cm stark ab und planieren mit dem Rechenrücken die Oberfläche.

12

13

Natursteinpfad im hinteren Gartenbereich

1

Material

Granitkleinstein, Splitt 2/5, Rundkies 0/32, Sand 2/4.

Werkzeug

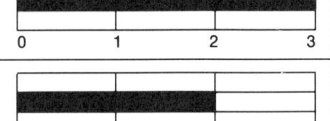

Schwierigkeitsgrad

0	1	2	3

Kraftaufwand

0	1	2	3

Arbeitszeit

Für Unterbau herrichten und Verlegearbeiten benötigen Sie etwa 2 Stunden pro qm.

Ersparnis

Sie können sich damit 40 bis 80 DM pro qm sparen.

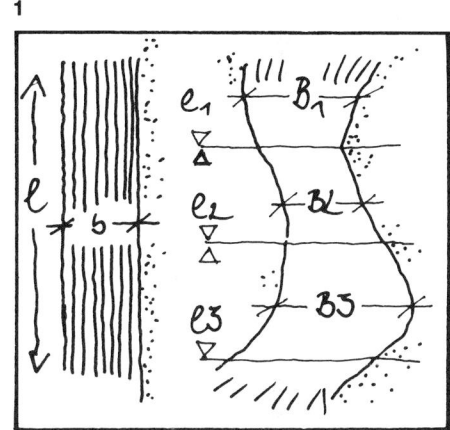

2

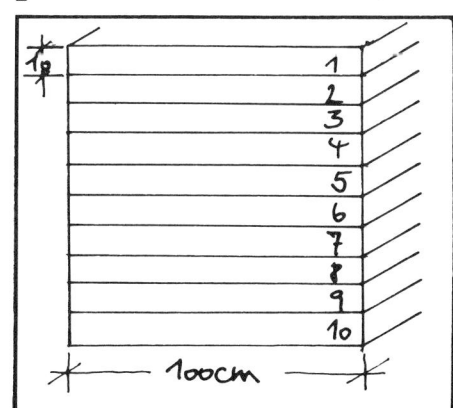

3

4

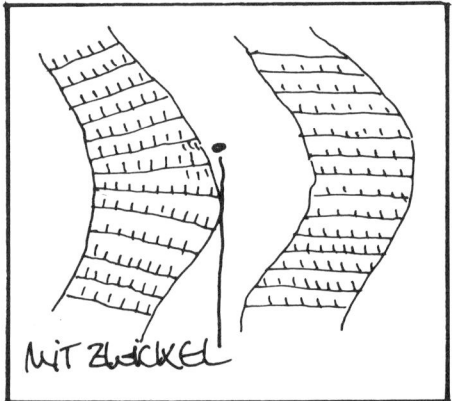

MIT ZWICKEL

5

6

1. Die Anlage eines schmalen Pfads garantiert Begehbarkeit, ohne die Gartenfläche unnötig zu zerschneiden. Beginnen Sie auch dieses Projekt mit der Planung. Nachdem Sie sich die Wegeführung überlegt haben, berechnen Sie die Einkaufsmengen. Dazu benötigen Sie die Quadratmeterzahl des anzulegenden Wegs.

2. Diese errechnen Sie aus Länge und Breite des geplanten Pfads. Wird die Breite des Pfads variieren und ist die Differenz nicht zu groß (ca. 30 cm), mitteln Sie einfach zwischen kleinster und größter Breite. Berechnen Sie einzelne Abschnitte, wenn die Differenzen größer sind und sich über mehrere Meter erstrecken.

3. Den Unterbau stellen Sie aus 10 cm Rundkies her, die Anzahl der Quadratmeter geteilt durch 10 ergibt die Menge Kies in Kubikmeter, die Sie kaufen müssen. Die Menge Splitt für die 5 cm starke Schicht berechnet sich aus der Anzahl der Quadratmeter geteilt durch 20.

4. 100 bis 110 Pflastersteine in der Normalgröße 9/11 cm werden auf den Quadratmeter benötigt. Für Rasenpflaster mit Fugen von 1,5 bis 2 cm braucht man etwa ein Viertel weniger. Zum Einkehren der Fugen brauchen Sie Sand und Oberboden, die Sie in einer Mischung von 2:1 verwenden. Für die Tragschicht nehmen Sie Rundkies 0/32. Falls Sie als Alternative Wandkies kaufen, achten Sie darauf, daß dessen Größtkorn nicht dicker als die Schichtstärke ist. Für die Ausgleichsschicht verwenden Sie Splitt 2/5.

5. Zur Errechnung der Minushöhe zählen Sie noch die Steindicke vom 10 cm hinzu. Die Entwässerung kann mit einem geringen Quergefälle erfolgen, da Oberflächenwasser in den Rasenfugen versickern wird. Eine Überprüfung des bestehenden Geländeverlaufs empfiehlt sich bei einem nicht überschaubaren Grundstück allerdings trotzdem. Markieren Sie den Wegeverlauf von der Terrasse bis zum Zielpunkt zu beiden Seiten mit Eisen und beginnen Sie auszukoffern. Spannen Sie eine Schnur auf fertige Höhe und fahren Sie mit dem Auskoffern fort, bis die Koffersohle bei etwa 25 cm Minushöhe liegt. Verdichten Sie anschließend mit einer Rüttelplatte. Bringen Sie die Tragschicht ein, die nach dem Verdichten 10 cm stark sein soll.

6. Die Randsteine des Belags werden nicht in Mörtel gesetzt. Eine gute Standfestigkeit läßt sich erzielen, indem Sie den Unterbau 5 bis 10 cm über die Kante hinausziehen.

Das Pflaster setzen Sie direkt in den Splitt hinein und füllen die Fugen zu einem Drittel mit Splitt aus. Die einzelnen Reihen können verschieden lang sein, diese Art der Randausformung verzahnt sich sehr gut mit der umgebenden Pflanzung.

7. Legen Sie einen geschwungenen Weg an, lassen Sie die einzelnen Reihen im rechten Winkel zu den Rundungen verlaufen. Das betont die Rundung. Strenger wirkt die Gestaltung, wenn Sie die immer gleiche Ausrichtung der Reihen über die Bögen hinwegziehen. Beachten Sie, daß Sie die Parallelität der Reihen den ganzen Weg über beibehalten müssen. Als Hilfsmittel hierfür spannen Sie eine Schnur, die Sie im Verlauf der Arbeiten immer wieder versetzen. Sie versetzen das Schnurgerüst, indem Sie am Wegrand einen Meter zum vorherigen Eisen abmessen, Eisen einschlagen und an ihnen eine neue Schnur spannen.

8. Während die Arbeiten fortschreiten, müssen Sie den Wegrand mit Oberboden anfüllen, um den Randsteinen Halt zu geben. Leichte Verdichtung mit dem Handstampfer bewirkt, daß die Randsteine beim abschließenden Rütteln nicht verrutschen. Nach Abschluß der Verlegearbeiten und vor dem Abrütteln kehren Sie die Fugen mit einem Sand-Erde-Gemisch (im Verhältnis 2:1) ein.

Wenn Sie die Fläche mit Wasser besprühen, spült sich das Gemisch tief in die Fugen. Wiederholen Sie den Vorgang Einkehren und Einschlämmen so lange, bis die Fugen verfüllt sind, und rütteln Sie danach ab.

9. Zum Abschluß der Arbeiten säen Sie Rasen in die Fugen ein. Fragen Sie im Fachhandel nach einer für Ihren Garten passenden Mischung und geben Sie Bodenart, Besonnung, Beanspruchung der Fläche und voraussichtlichen Pflegeaufwand an. Die Gräser geben mit ihren Wurzeln den Steinen zusätzlichen Halt, dabei entsteht ein reizvolles Bild der Abwechslung von Stein und Pflanze.

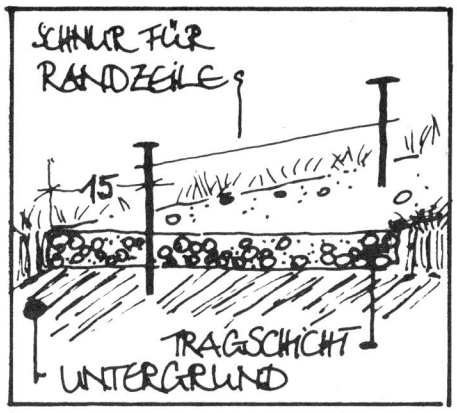

7

8

9

Arbeitsanleitungen

Holzsteg am Haus

Material
Kanthölzer 10×10 cm, Fichtenbretter oder Holzroste, Holzimprägnierung, Rundkies 0/32, Splitt 2/5, Spanplattenschrauben.

Werkzeug

Schwierigkeitsgrad
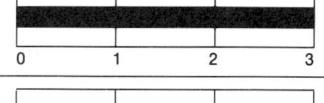

0   1   2   3

Kraftaufwand
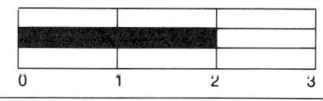

0   1   2   3

Arbeitszeit
Je nach Geschick benötigen Sie für den Holzsteg pro qm 1 bis 2 Stunden.

Ersparnis
Durch Eigenleistung sparen Sie etwa pro qm 60 DM.

1

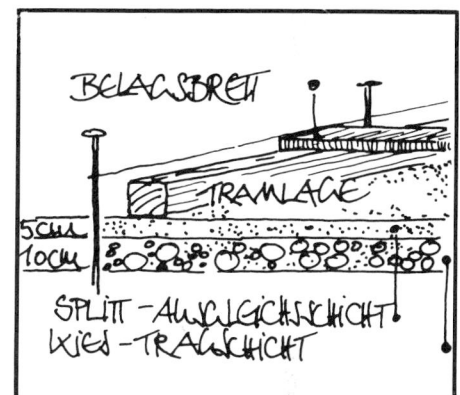

BELAGSBRETT

TRAMLAGE

5cm
10cm

SPLITT-AUSGLEICHSCHICHT
KIES-TRAGSCHICHT

2

3

4

5

6

1. Wie jeder andere Wegebelag baut auch ein ebenerdiges Holzdeck auf einem Unterbau auf, bestehend aus Tragschicht und Ausgleichsschicht. Der Holzbelag wird auf Kanthölzer (Tramlage) geschraubt, die auf der Ausgleichsschicht aus Splitt verlegt werden. Es gibt zwoi Materialien zur Auswahl: vorgefertigte Holzroste und gehobelte Bretter aus Fichte. Verlegt ergeben sich zwei sehr unterschiedliche Erscheinungsbilder.

2. Messen Sie die Fläche aus und berechnen Sie die notwendige Menge an Holzrosten oder Belagsbrettern und an erforderlichen Tramlagen. Der Verlegeabstand für die Tramlage ist 60 cm bei Belagsbrettern.

Für Holzroste werden die Tramlagen in einem Abstand verlegt, der der Hälfte von deren Breite entspricht. Vergessen Sie den Unterbau nicht! Er setzt sich zusammen auf einer Tragschicht in 10 cm Stärke aus Rundkies 0/32 und 5 cm Ausgleichsschicht aus Splitt 5/8.

Nachdem Sie die Fläche ausgesteckt und die Schnur gefällegerecht an den Eisen ausgerichtet haben, koffern Sie den Untergrund aus und verdichten ihn. Die Sohlentiefe ergibt sich aus der Dicke des Belags, zu der die Stärke der Tramlage, der Ausgleichsschicht und der Tragschicht in verdichtetem Zustand hinzugezählt wird.

3. Die Tramlagen verlegen Sie unter Schnur rechtwinklig zur Brettrichtung in den Splitt. Die erste Tramlage legen Sie entlang der Hauswand mit einem Abstand von 5 bis 10 cm. Im Abstand von 60 cm verlegen Sie alle weiteren Tramlagen. Spannen Sie sich dafür jeweils eine Schnur. Achten Sie darauf, daß der endgültige Belag ein Gefälle von 1 bis 2 Prozent vom Haus weg haben wird, während er parallel zum Haus im Wasser liegen soll.

Wenn Sie die Belagsbretter senkrecht auf die Hauswand verlegen wollen, ergibt sich daraus, daß die Tramlagen parallel zur Hauswand zu liegen kommen und in dieser Richtung im Wasser liegen müssen.

4.–5. Legen Sie das erste Belagsbrett auf die Tramlagen und richten Sie es mit Hilfe eines Winkels rechtwinklig zu ihnen aus. Markieren Sie sich die genaue Lage mit Bleistiftstrichen vor und hinter dem Brett. Bohren Sie durch das Belagsbrett die Löcher in der Tramlage vor, in denen Sie das Belagsbrett festschrauben werden. Das erste Brett wird auf jeder Tramlage festgeschraubt, um eine Seitenstabilität zu gewährleisten. Diese Seitenstabilität können Sie erhöhen, wenn Sie etwa alle 1 bis 1,5 m ein Brett über alle Tramlagen hinweg festschrauben. Das Brett wird mit jeweils zwei Spax auf den Tramlagen festgemacht. Erleichtern Sie sich die Schraubarbeit mit einer Bohrmaschine, auf die Sie einen passenden Kreuzschlitz aufsetzen.

6.–7. Das nächste Brett wird im Abstand von 1 cm verlegt. Dessen Befestigung auf der Tramlage hängt davon ab, wie lang es ist. Kurze Bretter, die nur über drei Tramlagen laufen, werden auf der ersten und auf der übernächsten festgemacht. Hiermit befindet sich eine Tramlage unter dem Brett, die nicht mit diesem verschraubt ist. Spannt sich das Belagsbrett über mehrere Tramlagen, müssen Sie es unterwegs noch einmal mit zwei Spanplattenschrauben auf einer Tramlage befestigen.

8. Holzbeläge einer größeren Breite können Sie leicht herstellen, indem Sie wie beim Parkett-Verlegen vorgehen.

Das bedeutet: auf ein über die ganze Breite laufendes Belagsbrett folgt eines, das in Deckmitte zusammengesetzt ist.

Das Fugenbild kann auch mehrere Unterbrechungen vorsehen. Wichtig ist, daß Sie die Stöße des unterbrochenen Bretts auf einer Tramlage enden lassen und beide verschrauben. Vorher sollten Sie bei imprägnierten Brettern

7

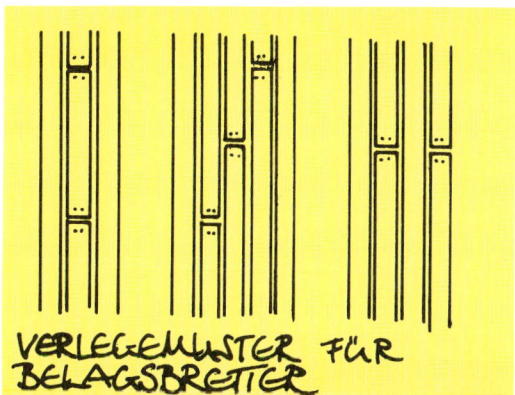

8

9

10

11

12

die gesägten Stirnseiten des Bretts mit Holzschutz behandeln. Diese Unterbrechungen dienen auch der Stabilität des Belags.

9.–10. Im Prinzip funktioniert das Verlegen der vorgefertigten Holzroste genauso wie das der einzelnen Belagsbretter.

Vorgegeben sind hier jedoch die Abstände der einzelnen Tramlagen zueinander, weil sie sich nach der Breite der quadratischen Holzroste richten.

Legen Sie die Holzroste mit oder ohne Kreuzfuge auf die Tramlagen. Die Befestigung erfolgt auch mittels Spax, deren Anzahl pro Holzrost sich nach dessen Breite richtet. Rechnen Sie pro Meter 4 Stück. Die Richtung der Holzroste können Sie von Stück zu Stück jeweils um 90 Grad schwenken, so daß sich der Eindruck eines großformatigen »Plattenbelags« ergibt.

11.–12. Die Größe der Roste ist in mancher Situation nicht passend. Das Verkleinern ist relativ einfach. Sie brauchen dazu: 1 oder 2 Dachlatten, Holzschrauben oder Spax in der Dicke der Bretter plus Dachlatten und Holzschutzimprägnierung. Messen Sie die Situation genau aus und zeichnen Sie die gewünschte Größe auf der Rostunterseite an.

Die imprägnierte Dachlatte bringen Sie neben dieser Markierung über alle Bretter an. Nageln Sie die Dachlatte behelfsmäßig mit 2 bis 3 kurzen Nägeln fest, die nicht über die oben liegenden Bretter hinausschauen dürfen. Drehen Sie den Rost um, so daß die Verlegeseite nach oben liegt, und markieren Sie sich die Lage der Latte auf der Oberseite mit zwei Bleistiftstrichen oder Nagelrissen. Mittig zwischen diesen beiden Strichen schrauben Sie jetzt pro Brett eine oder zwei Holzschrauben durch das Brett in die Dachlatte.

Danach können Sie die überstehenden Enden hinter der Dachlatte absägen und die Stirnseiten mit Imprägnierung versehen.

13. Ein erhöhtes Holzdeck ist etwas aufwendiger. Bevor Sie die Holzroste oder Belagsbretter verlegen können, müssen Sie ein Gerüst bauen. Für den Holzkauf sind Länge und Breite des Holzdecks ausschlaggebend. Erkundigen Sie sich im Fachhandel nach den erforderlichen Dicken für die Belagsbretter und Querschnitten für Pfosten und Tragbalken. Die Pfosten werden mittels eines Gewindes und einer Mutter in den Balkenschuhen festgeschraubt. Auf die Pfosten kommt je eine Pfette zu liegen, die mit jeweils 2 Winkeln am Pfosten festgeschraubt wird. Auf die Pfette einerseits und den am Haus verschraubten Tragebalken andererseits wird das Belagsbrett befestigt.

14. Beginnen Sie mit dem Ausmessen der Standorte der freitragenden Fundamente. Den Balkenschuh betonieren Sie mit B15 senkrecht in das Fundament ein. Die Öffnung des U-förmigen Balkenschuhs richtet sich einmal auf das Haus, beim nächsten Balkenschuh liegt sie parallel zum Haus. Das dient der Stabilität.
Jetzt montieren Sie den Tragebalken am Haus. Sie müssen dafür Schrauben durch den Balken in Metalldübel bohren, die Sie vorher in die Wand eingesetzt haben. Der Abstand der Schrauben sollte nicht mehr als 40 cm betragen. Bohren Sie die Schraubkanäle im Tragebalken vor und übertragen Sie deren genaue Lage auf die Wand, an der Sie den Balken befestigen wollen. Setzen Sie die Dübel an diesen Stellen ein und verschrauben Sie den Tragebalken in der Wand. Setzen Sie nun die Pfosten mit vorgebohrten Schraubkanälen in die Balkenschuhe und schrauben Sie sie fest.

15. Die Pfette liegt auf dem Pfosten und wird mit jeweils 2 Winkeln an diesem befestigt. Die Oberseite der Pfette muß genau in der gleichen Höhe liegen wie die des Tragebalkens. Überprüfen Sie dies vor dem Einbau der Belagsbretter und die Lage der Gerüstteile zueinander.

13

14

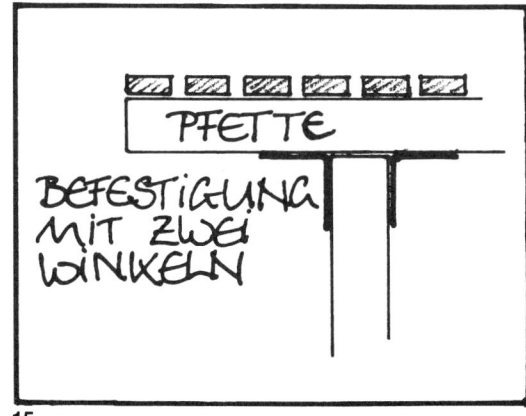

15

Stufen im Garten lockern auf

Material
Findlinge, alternativ: Platten oder Rundhölzer und Fichtenbretter, Kiessand 0/16, Rindenmulch.

Werkzeug

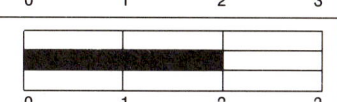

Schwierigkeitsgrad

0	1	2	3

Kraftaufwand

0	1	2	3

Arbeitszeit
Für Holzstufen rund 1 Stunde pro Treppe; Arbeit mit Findlingen etwa 1 bis 2 Stunden.

Ersparnis
Sie sparen etwa 50 bis 100 DM je Stufe.

1

2

3

4

5

6

1. Eine Böschung im Garten können Sie durch Setzen einiger frei verlegter Stufen begehbar machen. Anders als bei einer gemauerten Treppenanlage besteht für diese Art Stiege kein festes Schrittmaß. Hinsichtlich der Materialien gilt, daß sie zum einen witterungsbeständig sein müssen und zum anderen sich harmonisch in das Gesamtbild einfügen sollen. Es lassen sich alle Gesteinsarten in Platten oder als Blockstufen verwenden. Holz können Sie in Stellstufen oder Schwellen verbauen.

2. Bevor Sie an die Arbeit gehen, bringen Sie die ungefähre Anzahl der Steigungen in Erfahrung. Die einfachste Methode ist die des Abschreitens. Wollen Sie genauer arbeiten, setzen Sie das Nivelliergerät ein, das Ihnen genauen Aufschluß über die Höhendifferenz gibt. Die Entfernung zwischen Anfangs- und Endpunkt der Stiege können Sie mit einem möglichst horizontal gehaltenen Maßband ausmessen. Je strenger Sie die Stiege fertigen wollen, um so genauer müssen Ihre Messungen sein.

3. Der Einbau der Materialien erfolgt direkt auf den getreppten Untergrund. Für alle Platten und Blöcke sehen Sie eine Ausgleichsschicht aus Kiessand 0/16 vor, in einer Stärke von 5 bis 10 cm. Nachdem Sie das Stufenplanum im Hang hergestellt haben, müssen Sie den Untergrund mit einem Handstampfer verdichten. Auf das abgestampfte Planum bringen Sie den Kiessand auf, den Sie ebenfalls verdichten.

4. Auf den verdichteten Kiessand bringen Sie nochmals eine dünne Schicht desselben Materials (1–2 cm) auf, in die Sie die Platte oder den Block legen. Überprüfen Sie die Lage mittels Wasserwaage. Steinplatten und -blöcke oder Holzschwellen müssen ein Gefälle nach vorn von mindestens 2 Prozent haben, damit das Regenwasser ablaufen kann. Schlagen Sie die Platte oder den Block mit dem Gummihammer fest, füllen Sie den Oberboden an und verdichten Sie diesen.

5. Stellen Sie sicher, daß die Platte satt aufliegt, also nicht wackelt. Blockstufen liegen durch ihr hohes Gewicht fest, wenn sie nach Angabe eingebaut wurden. Die Trittfestigkeit einer Platte können Sie erhöhen, wenn Sie sie in eine trockene Mischung aus Kiessand 0/16 und Zement (Verhältnis 4:1) legen.

6. Die Verarbeitung von Findlingen zu einer freien Treppe erfolgt wie vorher beschrieben.

Die Gestaltung einer aus Lesesteinen erbauten Stiege orientiert sich an natürlichen Gegebenheiten, wie z. B. an einem Gleithang am Flußufer. Dort liegen die großen Blöcke ganz unten, weil sie am schwersten sind. Nach oben zu nimmt die Größe der Blöcke ab. Diese Ordnung der Steine ergibt ein interessantes Bild und läßt sich gut begehen. Den Charakter der Pflanzung bestimmen Sie je nach Lage der Böschung zur Sonne und der Sonnenscheindauer.

7. Für eine Stellstufentreppe aus Holz benötigen Sie für jede Stufe zwei Holzpflöcke mit einem Durchmesser von 6 bis 8 cm, zugespitzt mit einer Länge von etwa 50 cm. Das Stellbrett muß die von Ihnen gewünschte Länge haben. Die Breite des Bretts und damit die Höhe der Stufe richtet sich nach der Tiefe der einzelnen Stufe. Je größer die Tiefe der einzelnen Stufe ist, um so niedriger kann die Steigung sein. Für die Hinterfüllung verwenden Sie Rundkies 0/32 in einer Stärke von 5 cm. Verdichten Sie die Sohle mit dem Handstampfer.

8. Vor dem Austritt der ersten Stufe schlagen Sie mit einem Fäustel die Rundhölzer senkrecht in den Boden, bis sie nur mehr in gewünschter Stufenhöhe aus dem Boden herausschauen. Legen Sie über den Kopf des Rundholzes ein Brett, damit das Rundholz während des Einschlagens nicht ausfasert.

9. Stellen Sie nun gegen die beiden Rundhölzer das Stellbrett in der von Ihnen gewünschten Länge. Hinter dieses Brett füllen Sie den Rundkies lagenweise ein und verdichten diesen. Arbeiten Sie über den hinteren Rand der Stufe hinaus, damit Sie die nächste Stufe genau anpassen können. Schlagen Sie also für die nächste Stufe die beiden Rundhölzer ein und koffern Sie dahinter aus. Nach dem Verdichten der Sohle füllen Sie die Stufe mit Rundkies an. So verfahren Sie bis an das Ende der Stiege. Danach füllen Sie zu beiden Seiten Oberboden an, den Sie auch ein wenig verdichten. Die neue Anlage können Sie sofort bepflanzen.

7

8

9

Spielfläche auf Rindenmulch

Arbeitsanleitungen

1

Material

Rindenmulch, Rundkies 0/32, Betonplatten oder Pflastersteine, Mörtel.

Werkzeug

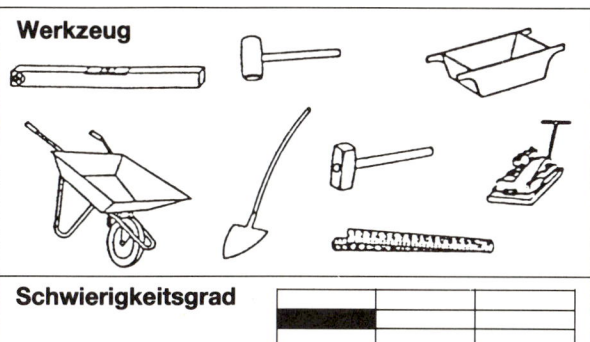

Schwierigkeitsgrad

0	1	2	3

Kraftaufwand

0	1	2	3

Arbeitszeit

Für Unterbau herrichten und Verlegearbeiten benötigen Sie 1 bis 2 Stunden pro qm.

Ersparnis

Durch Eigenleistung sparen Sie etwa 25 bis 100 DM pro qm.

DACHGEFÄLLE

2

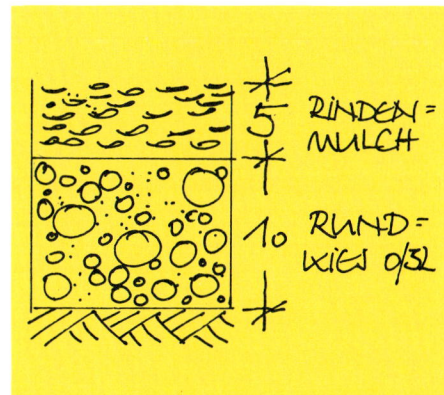

RINDEN=MULCH

RUND=KIES 0/32

3

4

5

6

1. Eine Spielfläche in Garten oder Wohnhof muß einen Belag haben, der belastbar ist und Sicherheit bietet. Rindenmulch hat beide Eigenschaften. Wenn Sie ein Gerät fest installieren wollen, sehen Sie sich in Holz- oder Baufachgeschäften um. Dort bekommt man Spielgeräte, die mit Angaben der Hersteller zur Aufstellung versehen sind. Schon die kleinste Ausführung eines Schaukel- oder Klettergerüsts benötigt ein frostfreies Fundament von mindestens 80 cm Tiefe. Wenn Sie ein Spielgerät aufstellen wollen, gehen Sie wie folgt vor.

2.–3. Sehen Sie eine zweiprozentige Entwässerung vor: Geben Sie der Fläche ein Dachgefälle, das von einem hochliegenden Grat zu beiden Seiten nach unten läuft. Sie können die Fläche aber auch einseitig entwässern. Sie stecken die Fläche aus und markieren an den Eisen die zukünftige, fertige Höhe des Belags. Wenn Sie an diesen Markierungen eine Schnur gespannt haben, überprüfen Sie das Gefälle mittels der Wasserwaage. Koffern Sie die Fläche auf 13 bis 14 cm unter Schnur aus und verdichten Sie den Untergrund. Den Aufbau einer Rindenmulchdecke zeigt nebenstehende Skizze: er besteht aus 10 cm Rundkies 0/32 und einer Schicht Rindenmulch von 5 cm.

4. Auf den Untergrund tragen Sie den Kies auf, bis auf eine Minushöhe von 3 bis 4 cm. Achten Sie darauf, das Gefälle einzuhalten. Das können Sie durch ständiges Abmessen der Minushöhe erreichen. Verdichten Sie anschließend im zweimaligen Arbeitsgang. Nach Abschluß dieser Arbeiten bauen Sie, gemäß den Herstellerangaben, das Spielgerüst ein. Wenn Sie ein Gerüst selbst bauen, verwenden Sie aus Sicherheitsgründen ausschließlich Verankerungen, Haken oder bewegliche Teile, welche speziell für Spielgeräte hergestellt werden.

5.–6. Bauen Sie das Spielgerüst vollständig auf, erst dann bringen Sie den Rindenmulch auf.

Eventuelle Unsauberkeiten in der Tragschicht nach dem Aufstellen des Gerüsts werden ausgebessert. Großflächige Schäden müssen gefällegerecht unter Schnur geebnet und anschließend nochmals abgerüttelt werden. Bringen Sie dann lagenweise den Rindenmulch auf. Verwenden Sie auf keinen Fall Rindenkompost. Kaufen Sie frischen, unzersetzten Rindenmulch. Äußerlich können Sie das am Vorhandensein von langen Stücken und Fasern beurteilen.

7.–8. Das Material setzt sich im Laufe der Zeit, die Schicht wird dünner. Genauso wie eine wassergebundene Decke braucht dieser Belag eine gewisse Pflege. Gerade nach dem Winter sollten Sie beobachten, ob die Entwässerung noch funktioniert.

Sollte auf der Fläche viel Wasser stehenbleiben, räumen Sie den Rindenmulch ab und bessern die Tragschicht mit Kiessand aus. Gehen Sie auch dabei genau vor und erstellen Sie ein Schnurgerüst mit einigen Eisen. Rauhen Sie die Oberfläche der Tragschicht mit einem Eisenrechen auf und bringen Sie Kiessand 0/32 im Gefälle auf. Verdichten Sie anschließend und streuen Sie wieder mit Rindenmulch in ausreichender Schichtstärke ab. Solche Ausbesserungen fallen etwa alle drei bis fünf Jahre an.

9. Wenn Sie die Spielfläche im Rasen anlegen, ist es praktisch, die beiden Flächen gegeneinander abzugrenzen.

Erstellen Sie also eine Rasenmähkante von 30 bis 50 cm Breite. Mit mehreren Reihen Pflastersteinen oder einem Plattenband ist dies leicht zu bewerkstelligen. Stecken Sie die Spielfläche in diesem Fall breiter aus und koffern Sie am Rand entsprechend des Schichtaufbaus der Einfassung tiefer aus. Nach dem Einbringen der Tragschicht erstellen Sie zuerst die Mähkante und bauen das Gerüst auf, bevor Sie den Rindenmulch aufbringen.

7

8

9

Reizvolle Randeinfassungen für Wege

1

Material
Granitgroß- oder Granitkleinstein, Rundkies 0/32, Mörtel aus Sand und Traßzement.

Werkzeug

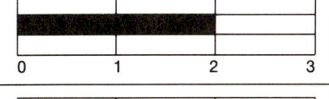
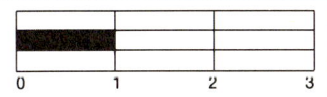

Schwierigkeitsgrad

0	1	2	3

Kraftaufwand

0	1	2	3

Arbeitszeit
Hierfür benötigen Sie etwa 1/2 bis 1 1/2 Stunden pro m.

Ersparnis
Durch eigene Leistung können Sie rund 25 bis 75 DM pro m sparen.

2

3

4

5

6

1. Die Wegeeinfassung spielt insofern eine gro-ße Rolle, als sie eine deutliche Grenze darstellt zu benachbarten Strukturen. Sie gibt einer Wegefläche einen Rahmen und ist in ihrer stili-sierten Form ein Ornament in der Fläche. Eine technische Anmerkung: Falls Sie nicht aus-drücklich eine höherliegende Wegeeinfassung wünschen, legen Sie die Wegebegrenzung et-was tiefer als den Belag. Die Entwässerung des Wegs ist dann nicht behindert.

2. Eine einfache Zeile aus Granitgroßsteinen findet Verwendung als Wegebegrenzung zu Pflasterflächen gleichen Materials, zu Beton-platten und Klinkerflächen. Zu anderen Natur-steinen paßt sie häufig nicht.

3. Durch die Größe des Granitsteins und des-sen Einbau liegt die Koffersohle tiefer als die des Wegs. Wenn Sie den Wegeverlauf abgesteckt und die Koffersohle für den Weg angelegt ha-ben, spannen Sie für die Großsteinzeile am späteren äußersten Wegrand eine Schnur auf fertige Höhe. Sie schaufeln die Koffersohle auf 30 cm Minushöhe aus und verdichten den Un-tergrund mit einem Stampfer. Die Pflasterzeile braucht eine Tragschicht aus Rundkies 0/32 in 10 cm Stärke. Sie bringen den Rundkies auf 20 cm Minushöhe ein und verdichten ihn. Entlang des Wegs setzen Sie nun die Großsteine in eine Mörtelschicht von 5 cm Stärke. Dann fertigen Sie eine Rückenstütze auf jeder Seite an. Ach-ten Sie darauf, daß zur Weginnenseite ausrei-chend Höhe bleibt, um direkt an die Zeile heran den Wegebelag legen zu können.

4. Da zwischen den Großsteinen meist Fugen von 1,5 bis 2 cm bleiben, verfugen Sie mit Hilfe eines schmalen Fugeneisens und Mörtel, den Sie in einer Mischung von 1:4 (Zement:Sand) herstellen. Die Mischung muß zwar standfest sein, aber naß genug, um sie tief in die Fugen hineinbringen zu können. Die Fugen werden nicht bis zur Oberkante der Großsteine ausgefüllt, es sieht besser aus, wenn Sie den Mörtel knapp unter der Oberkante glattstreichen.

5. Ein anderes Bild ergibt sich aus der Verlegung mehrerer Reihen Kleinsteinpflaster. Die Breite dieser Einfassung macht die Unterscheidung zwischen zwei verschiedenartigen Flächen noch deutlicher. Man stellt eine solche Randeinfassung her bei Flächen, die mit Granitkleinsteinen in wildem Verband oder in Schuppenbögen belegt wurden. Schön sieht ein derartiger Abschluß auch bei einer Hoffläche in Klinker aus bzw. bei einem Weg, der mit Kleinstein in Reihen gestaltet ist.

6. Dieses Element kann neben gestalterischen Aufgaben auch technische übernehmen: mehrere Reihen Kleinstein können als Rinne die Wasserführung übernehmen.

7. Wie die Großsteine auch, werden die Kleinsteine am Wegrand in eine Mörtelschicht von 5 cm Stärke gesetzt, die auf einer Tragschicht aus Rundkies aufbaut. Häufeln Sie den Mörtel unter Schnur auf und setzen Sie die Steine in das überhöhte Mörtelbett. Mit dem Gummihammer schlagen Sie die einzelnen Steine auf die richtige Höhe. Die Fugen zwischen den Steinen sollen so gering wie möglich bleiben!

8. Kontrollieren Sie die gleichbleibende Höhe der Steine, indem Sie quer über die Reihen eine Wasserwaage legen, die Sie mit einem Ende unter die straff gespannte Schnur halten. Die Fugen verfüllen Sie in diesem Fall nicht mit fertig angemischtem Mörtel, sondern mit einer trockenen Mischung aus Sand und Zement im gleichen Verhältnis wie oben angegeben. Sie kehren die Mischung ein und sprühen zwischendurch immer wieder Wasser über die Steine, so daß die Fugen sich mit dem Gemisch verfüllen.

9. Auf diese Weise können Sie auch eine Mähkante aus mehreren Reihen Kleinsteinen anlegen. Eine Mähkante erleichtert Ihnen die Arbeit mit dem Rasenmäher.

7

8

9

Pflaster und Pflanze

1

Material
Klinkerplatten 15×15 cm, Splitt 2/5, Rundkies 0/32, Mörtel.

Werkzeug

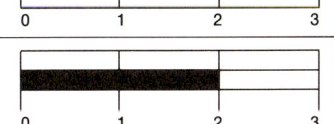

Schwierigkeitsgrad

0	1	2	3

Kraftaufwand

0	1	2	3

Arbeitszeit
Für Unterbau herrichten und Verlegearbeiten müssen Sie pro qm mit rund 3 Stunden rechnen.

Ersparnis
Sie können sich damit 100 DM pro qm sparen.

2

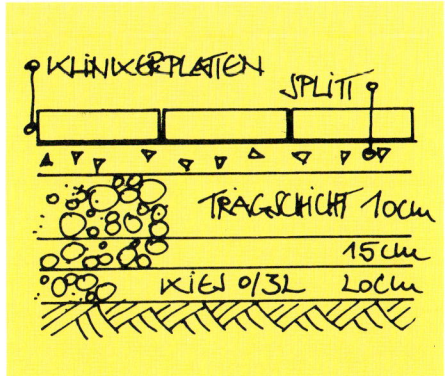

KLINKERPLATTEN   SPLITT

TRAGSCHICHT 10cm

15cm

KIES 0/32   20cm

3

4

5

6

1. Der Garten in seiner Gesamtheit ist ein Zusammenwirken vieler Gestaltungselemente. Hervorzuheben ist das Wechselspiel von befestigter Wegefläche und Pflanzfläche. In gezeigtem Beispiel wird aus dem Wegebelag ein Kreisbogen ausgespart und eingefaßt.

2. Planen Sie zunächst die Wegeanschlüsse und ermitteln Sie das Gefälle. Dann stecken Sie den Wegeverlauf ab. Sehen Sie ein zweiprozentiges Gefälle vor, das Sie auf ein Pflanzbeet hinführen. Setzen Sie ein Eisen an die Haustür und übertragen Sie die Höhe der Haustürschwelle mittels Wasserwaage auf das Eisen. Die Markierung der Höhe erfolgt mit Ölkreide.

Um das Gefälle an alle Eisen antragen zu können, übertragen Sie diese Höhe auf alle am Pflanzbeet und entlang der Wegefläche geschlagenen Eisen. Errechnen Sie das Gefälle in Zentimetern je Eisen und messen Sie es von der Markierung der Haustürschwellenhöhe am Eisen herunter.

3. Wenn Sie alle Eisen markiert haben, verbinden Sie sie mit einer Maurerschnur und beginnen mit dem Auskoffern.

Sollten Sie nach dem Verdichten des Untergrunds feststellen, daß der Wegeverlauf nicht stimmt, korrigieren Sie die Lageabsteckung und Koffersohle nach. Dazu verdichten Sie wieder den Untergrund.

Der Wegeaufbau gründet auf einer Tragschicht aus Rundkies 0/32 in 10 cm Stärke. Legen Sie den Weg in einem Bereich an, in dem er von Fahrrädern oder Autos befahren wird, müssen Sie die Tragschicht in einer Stärke von 15 bzw. 20 cm einbauen. Die Ausgleichsschicht besteht aus Splitt 2/5 bzw. 5/8, sie ist 5 cm stark.

4. In manchen Gegenden bekommt man statt des Splitts auch gewaschenen Sand, dessen gebrochenes Korn auch als Ausgleichsschicht dienen kann. Beachten Sie, daß sich dieses Material beim Abrütteln setzt: bei einer

Schichtstärke von 5 cm um etwa 1 bis 1,5 cm. Sie müssen dann mit einer Überhöhung in dieser Größenordnung arbeiten.

5.–6. Auf der abgerüttelten Tragschicht setzen Sie zunächst die Randeinfassung. Sie besteht in gezeigtem Beispiel aus senkrecht gestellten Platten des Belagsmaterials. In diesem Fall handelt es sich um gebrauchte Klinkerplatten in den Abmessungen 15 × 15 cm.

Heben Sie für die Einfassung einen Graben an den Außenseiten des Wegs aus. Die Minushöhe errechnet sich aus: 15 cm Plattenhöhe plus 10 cm Beton und 10 cm Tragschicht. Verdichten Sie den Untergrund des Grabens, bevor Sie die Tragschicht aufbringen. Die Platten stellen Sie unter Schnur senkrecht in den Beton.

7. Bei der Erstellung der kreisförmigen Aussparung gehen Sie so vor: Überlegen Sie sich, wie groß Sie dieses Pflanzbeet gestalten wollen und wie breit der Durchgang daneben bleiben soll. Legen Sie den Radius »r = xm« fest und messen Sie dementsprechend den Mittelpunkt des Kreises aus. Schlagen Sie dort ein Eisen in die Tragschicht.

8.–9. Messen Sie von diesem Eisen mit »r« die Weganschlüsse an Anfang und Ende des Kreises aus und schlagen Sie dort jeweils ein Eisen ein. Markieren Sie die notwendigen Höhen an den Eisen. Setzen Sie die Platten wie für die Randeinfassung hochgestellt unter Schnur. Überprüfen Sie jetzt die richtige Lage jeder Platte. Dabei gehen Sie so vor: Befestigen Sie eine Schnur am Mittelpunkteisen und markieren Sie den Radius mittels eines Knotens in dieser Schnur. Wenn Sie nun diese Schnur straff gespannt über die gerade gesetzte Platte halten, haben Sie eine genaue Kontrolle über den richtigen Sitz der Platte. Wenn die Einfassung fertig ist, können Sie die Arbeiten an der Wegefläche fortsetzen (vgl. Grundkurs »Formsteine verlegen«, S. 45).

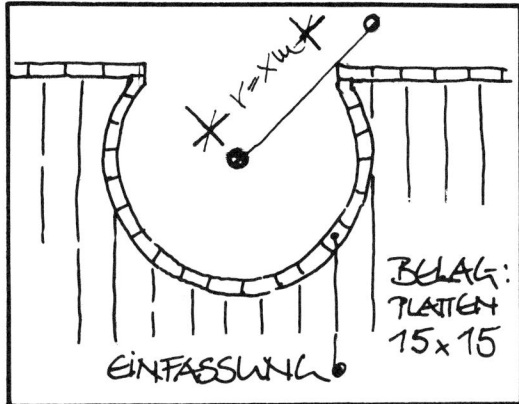

7

8

9

Arbeitsanleitungen

Ein Hinterhof für viele Ansprüche

Material
Betonplatten, Rasengittersteine, Klinker, Kanthölzer, Rundkies 0/32, Splitt 2/5, Spielsand, Dachpappe, Rasensaat.

Werkzeug

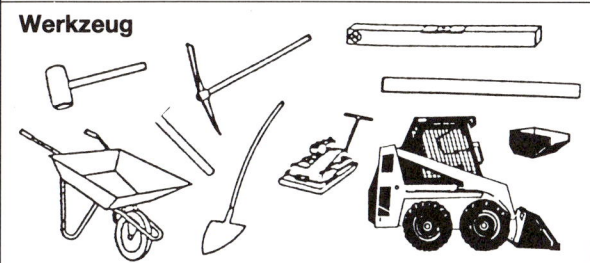

Schwierigkeitsgrad

0	1	2	3

Kraftaufwand

0	1	2	3

Arbeitszeit
Für die Beläge benötigen Sie pro qm etwa 3/4 bis 1, für das Rasengitter 1/2 bis 3/4, für den Sandkasten rund 10 Stunden.

Ersparnis
Sie sparen durch Eigenleistung zwischen 25 und 50 DM pro qm; beim Sandkasten rund 500 DM.

1

2

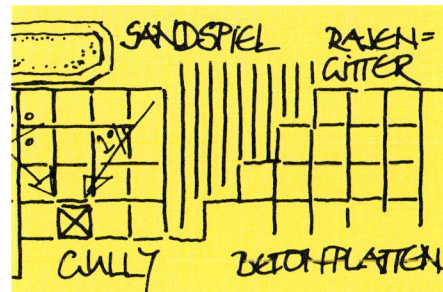

SANDSPIEL   RASEN=
GITTER

GULLY   BETONPLATTEN

3

4

5

6

7

8

1. Viele Hinterhöfe werden von mehreren Hausparteien genutzt und sollen deshalb unterschiedlichen Ansprüchen gleichzeitig gerecht werden. Für mehrere Garagen gilt es, die Zufahrt zu befestigen, es werden Sitzplätze und ein Sandkasten benötigt, und außerdem soll der Hof Grünfläche aufweisen, um wohnlich zu wirken. Fahrzeuge benötigen viel Platz. Wenn Sie Stellflächen und Garagenzufahrten mit Rasengittersteinen befestigen, werden Sie den PKW-Besitzern gerecht und erhalten überdies Grünfläche. Für die Fußgänger verlegen Sie einen schmalen Weg über den Hof und für spielende, rollschuhlaufende Kinder eine kleine Hoffläche vor den Garagen. Vergessen Sie den Sandkasten nicht. Sehen Sie auch einen Sitzplatz vor, vielleicht überdachen Sie ihn sogar. Die verbleibenden Restflächen legen Sie als Beete an.

2. Um die Hofgestaltung beginnen zu können, müssen vorhandene Belagsflächen aufgerissen (Teer und Beton) oder aufgenommen werden (Platten oder Rasensoden). Alte Beton- oder Klinkerplatten stapeln Sie gesäubert auf der Seite, da Sie sie, mit neuem Material ergänzt, im Normalfall wiederverwenden können.

3. Damit kein Regen- oder Schmutzwasser in die Garagen oder in die Hausdurchfahrt fließt bzw. die Hauswände durchfeuchtet, entwässern Sie wieder von den Gebäuden weg in die Pflanzbeete oder in einen zentral gelegenen Hofablauf. Von 1 bis 2 cm unter Garagenkante spannen Sie die Höhenschnüre gefällegerecht bis auf fertige Höhe des Gullys.

4. Der Schichtaufbau für den neuen Belag geht bei Beton- oder Klinkerplatten etwas weniger tief als bei den Rasengittersteinen. In jedem Fall heben Sie für die Tragschicht (15 cm) und für die Ausgleichsschicht (5 cm) 20 cm stark aus bzw. etwas weniger, da die Sohle nachverdichtet wird. Die Stärke des Steinmaterials kommt noch hinzu.

5. Befahrbare Betonplatten sind 6,5 bis 8 cm stark, Klinker etwa 7 cm. Bei beiden Materialien bleiben Sie mit dem verdichteten Unterbau 12 cm unter der Höhenschnur. Rasengittersteine sind etwa 12 cm stark. Verdichten Sie den Unterbau also bis auf etwa 16 cm unter

Schnur. Die Wasserrohre zum Abziehen der Splittausgleichsschicht richten Sie auf Platten-/Steinstärke unter Schnur ein und ziehen darüber mit der Richtlatte den 2/5er Splitt plan ab. Darauf verlegen Sie im Arbeitsgang »vorwärts« die Betonplatten, Klinker oder Rasengittersteine.

6. Damit die seitlichen Randabschlüsse nicht zu streng wirken, verzahnen Sie die plattenbelegten Flächen mit der befestigten Rasenfläche. Alle Ränder befestigen Sie mit einem Mörtelkeil, ausgenommen sind die Übergänge von Plattenbelag zu Rasengittersteinen.

7. Die Fugen der Rasenlochsteine fegen Sie mit einem Erde-Sand- oder Erde-Splitt-Gemisch im Verhältnis von etwa 1:2 ein. Nach dem Verdichten säen Sie eine Trockenrasenmischung ein. Das Oberflächengefälle des Plattenbelags beträgt wie üblich 2, bei den offenen Rasengittersteinen genügt ein Gefälle von 1 Prozent.

8. Nun bauen Sie den Sandkasten. Erstellen Sie die Randeinfassung aus 2 bis 3 übereinandermontierten Kanthölzern (18 cm stark, 24 cm breit), die Sie mit Rundeisen verdübeln. Die Kinder erhalten so gleichzeitig eine bequeme Sitzmöglichkeit. Sie legen die Kanthölzer auf die gleiche, für die Platten abgezogene Ausgleichsschicht. Die Platten reichen bis an die Einfassung heran. Damit erübrigt sich an den Anschlußstellen der Mörtelkeil. Gleichzeitig erhalten die Kanthölzer durch die Splittschicht eine Dränage.

9. Liegen die Kanthölzer zu stark im Gefälle des Plattenbelags, so gleichen Sie mit Splitt aus, bis die fertige Höhe der Hölzer annähernd waagrecht ist. Alle folgenden Kanthölzer legen Sie einfach auf die untere Lage auf. Achten Sie darauf, daß Sie die Hölzer sauber zusägen und lagenweise versetzen.

10. An diesen Verzahnungen bohren Sie mit einem 14-mm-Schalungsbohrer durch alle Kanthölzer senkrecht hindurch. Mit 14-mm-Rundeisen können Sie so die Balken untereinander und zusätzlich 10 bis 30 cm im Erdreich verdübeln.

11. Innerhalb der Einfassung heben Sie für die Dränage einen 50 × 50 cm großen, 80 cm tiefen Sickerschacht aus und füllen ihn mit 32/64er Grobkies.

9

10

11

12

13

14

15

16

Decken Sie den gefüllten Sickerschacht mit einem genügend großen Stück Vlies ab, damit der Sand nicht eingeschwemmt wird. Verwenden Sie unimprägnierte Kanthölzer und nageln Sie einen Streifen Dachpappe an die Innenseite der Randeinfassung. Sie schützt das Holz vor Feuchtigkeit.

12. Zuletzt füllen Sie bis etwa 10 bis 20 cm unter Sandkasten-Oberkante speziellen Spielsand ein. Er soll im feuchten Zustand formbar sein, jedoch darf er nicht stark schmutzen. Die richtige Bezugsquelle für Ihren Spielsand nennen Ihnen Stadtgärtnereien.

13. Wählen Sie nun den geeigneten Platz für Ihre Sitzgelegenheit. Direkt neben dem Sandkasten werden Sie keine Ruhe finden; optimal ist eine Abgrenzung des Sitzplatzes durch Sträucher, Kletterpflanzen oder durch einen Hofbau. Wenn Sie wollen, gestalten Sie den Belag des Sitzplatzes anders als den der übrigen befestigten Flächen. Da der Sitzbereich ganz anders genutzt werden wird als der Rest des Hofs, indem er einen Ruhepunkt darstellt, ist dies erlaubt. Wenn Sie die Hof- und Wegeflächen zuvor in einer Kombination von Klinkern und Betonplatten verlegt haben, so nehmen Sie hier nur Klinker oder Betonplatten, welche Sie diagonal verlegen.

14. Stecken Sie mit dem Schnureisen die äußeren Ecken ab und spannen Sie die Höhenschnüre. Als Unterbau für den Sitzbereich reichen 5 bis 10 cm verdichteter Kies. Wie bei jedem anderen Belag kommen 5 cm Ausgleichsschicht hinzu. Sie können hierfür Betonplatten mit 4 oder 5 cm Stärke verwenden.

15. Für eine Diagonalverlegung der Platten spannen Sie sich auf der richtigen Höhe eine Schnur vom linken vorderen Eisen zum rechten hinteren oder umgekehrt. Diese Schnur gibt die Verlegerichtung vor. Ziehen Sie die Ausgleichsschicht mit der Richtlatte sauber ab und legen Sie die Betonplatten parallel zur diagonal gespannten Hilfsschnur.

16. Die verbleibenden offenen Dreiecke beim Diagonalanschluß an Mauern schließen Sie mit Riesel. Denken Sie daran, diese dünnen Belagsplatten an den Rändern mit einem Mörtelkeil zu sichern.

Klinkerhöfchen mit Wasserrinne

Material
Klinker, Granitmosaikstein, Steckkiesel, Rundkies 0/32, Splitt, PVC-Rohre, Gully.

Werkzeug

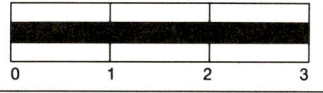

Schwierigkeitsgrad

0	1	2	3

Kraftaufwand

0	1	2	3

Arbeitszeit
Belag pro qm etwa 1 Stunde, Rinne 1/2 bis 1 Stunde pro qm, Spirale 1 1/2 bis 2 Stunden pro qm.

Ersparnis
Durch eigene Leistung können Sie 50 bis 100 DM pro qm sparen.

1

2

3

115

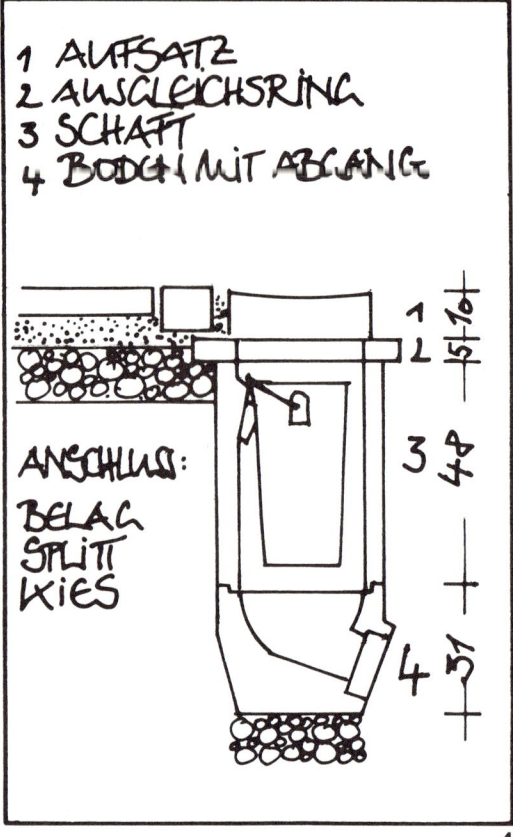

1 AUFSATZ
2 AUSGLEICHSRING
3 SCHAFT
4 BODEN MIT ABGANG

ANSCHLUS:
BELAG
SPLITT
KIES

1
2 15/16

3 48

4 31

4

5

1.–2. Ein trister Hinterhof, gerade einladend genug für Mülltonne und Moped, verunziert so manches an sich schöne Gebäude. Dabei böte sich an dieser Stelle die Gelegenheit, zusätzlichen »Wohnraum« zu erschließen. Verschönern und begrünen Sie Ihren Hinterhof, und er wird sich ganz von selbst beleben. An vielen Tagen des Jahres können Sie dort Ihre Freizeit genießen. Wo mehrere Mietparteien leben, bietet sich endlich geeigneter Raum, um sich kennenzulernen oder um gemeinsame Arbeiten zu verrichten oder mit den Kindern zu spielen.

3. Beginnen Sie mit der Markierung der für die Entwässerung wichtigen höchsten und tiefsten Punkte mittels Eisenstäbe, an die Sie die erforderlichen Höhen mit Ölkreide antragen. Am Haus sind es 1 cm unter Putzkante oder 1 bis 2 cm unter Türen ohne Stufe, damit Regenwasser nicht eintreten kann. Von diesen Punkten aus sollte die Fläche in fertigem Zustand mit 2 Prozent Gefälle vom Haus weg fallen (2 % = 2 cm Höhendifferenz auf 1 m Länge).
Kontrollieren Sie das Gefälle mittels der Wasserwaage, die Sie sachte unter die zwischen die Eisen gespannte Schnur halten; stößt die Wasserblase an die zweite Markierung, stimmt das Gefälle.

4. Bei der Bearbeitung des Untergrunds gehen Sie abschnittsweise vor.
An den markierten Eisen wird eine Maurerschnur straff gespannt. Von ihr aus messen Sie auf die einzelnen Schichten hinunter. Den Untergrund planieren Sie gefällegerecht auf 28 cm unter Schnur und rütteln ihn ab. Darauf bringen Sie den Unterbau (gebrochener Kies 0/32) in einer Stärke von 15 bis 17 cm auf, der in loser Lage also mindestens 13 cm unter Schnur liegt. Mit dem wiederholten Abrütteln quetscht er sich zusammen, so daß er anschließend auf etwa 15 cm unter Schnur liegt.
Auf diesem Unterbau können Sie mit verschie-

denen Materialien aufbauen. Vom Wasserein-
lauf (Gully) muß das Wasser in PVC-Rohren ab-
geführt werden, die mit mindestens 0,5 bis 1
Prozent Gefälle auf die Entwässerungseinrich-
tung (Kanalisation, Sickergrube) zulaufen müssen. Aus dieser Bedingung ergeben sich Lage
und Höhe des Einlaufs. Normalerweise ergibt
sich ein Graben vom Einlauf zur Entwässe-
rungseinrichtung, in diesen können Sie dann die
Rohre in ein Sandbett (sonst Bruchgefahr!) verlegen.

5. Der Anschluß Rohr/Einlauf wird vermörtelt,
auch der eventuelle Anschluß an ein Kanalrohr.
Der Einlauf besteht aus den auf dem Foto ge-
zeigten Teilen; wichtig ist, daß es Hals und
Schachtringe in verschiedenen Höhen gibt, Sie
also die Differenz zwischen Belagshöhe ober-
und Einlauftiefe unterseits ohne Schwierigkeiten
überwinden können.

Für Ihren speziellen Fall fragen Sie nochmals im
Baugeschäft nach. Achten Sie auch darauf, daß
der Hals einen Schlammeimer enthält, dieser
bewahrt das Abflußrohr vor Verstopfung, denn
er fängt Blätter etc. auf und kann entleert
werden. Der Rost soll zumindest mit Belagshöhe abschließen, noch günstiger ist 1 cm unterhalb.

6. In unserem Beispiel ist eine Wasserrinne aus
in Mörtel verlegtem Kleinstein gleichzeitig Wasserführung und Gestaltungselement in einem.
Die technischen Anforderungen sind: 1. Sie muß
als tiefster Punkt in der Hoffläche liegen. 2. Sie
muß mit 3 Prozent Gefälle auf den Einlauf zufüh-
ren. 3. Sie muß im Querschnitt eine Tellerform
haben, so daß sie wie ein Flußbett das Wasser
hält. Wenn Sie diese Punkte beachten, können
Sie die Rinne jederzeit ganz nach Ihrem Belie-
ben gestalten.

7. Markieren Sie den Rinnenverlauf grob mit
einigen Eisen, auf denen Sie die fertige Höhe
markieren. Eine straff gespannte Schnur

6

7

Arbeitsanleitungen

zwischen den Eisen dient als Orientierung des Verlaufs, und es ermöglicht auch die Höhenkontrolle. Verwenden Sie als Zusatzstoff beim Mörtelmischen »Cerelit«, das macht den Mörtel wasserdicht. Ein Mörtelbett von 5 cm ist vollkommen ausreichend. Bringen Sie also den Unterbau tatsächlich auf 15 bis 16 cm unter Schnur, so daß Sie auf ihn aufmörteln können.

8. Die Klinkerfläche wird nun zu beiden Seiten der Wasserrinne verlegt, zwischen Höhe der Rinne und Höhen am Haus. Sie gehen beim Verlegen des Klinkers bis an die Rinne heran, sparen aber den letzten Stein aus. Den Anschluß zwischen Rinne und Klinkerfläche können Sie mit Kleinstein oder Steckkiesel in Sand auspflastern. Achten Sie darauf, daß Sie eng pflastern, denn die »Zwickel« genannten Stellen müssen sehr stabil sein. Um den Einlauf herum arbeiten Sie genauso.

9. Schließt eine Pflanzfläche an den Klinkerbelag, so müssen Sie einen festen Rand in Mörtel ausbilden, indem Sie die letzte Steinreihe mit einem Mörtelkeil abstützen. Hier können Sie auch sehr gut Klinkerornamente anbringen, indem Sie z. B. Steine senkrecht anordnen. Verwenden Sie dabei auch andere Materialien, die ruhige Klinkerfläche verträgt ein paar spielerische Ornamente sehr gut. Wollen Sie Ihrem Hof eine mehr geometrische Ausformung geben, so können Sie die Ränder mit einer sogenannten Klinkerrollschicht abschließen. Sie verlegen den Klinker quer-hochkant in Mörtel.

10. Zweigt von der Hoffläche ein Weg ab, so können Sie die beiden Klinkerflächen wie in der Zeichnung angegeben zusammenfügen. Sie können also die Verlegerichtung beibehalten oder sozusagen um die Ecke verlegen. Letztere Möglichkeit bedarf genauer Planung, denn Sie müssen für die Nahtstelle die Maße der Klinker in senkrecht wie waagrecht verlegtem Zustand bedenken.

8

9

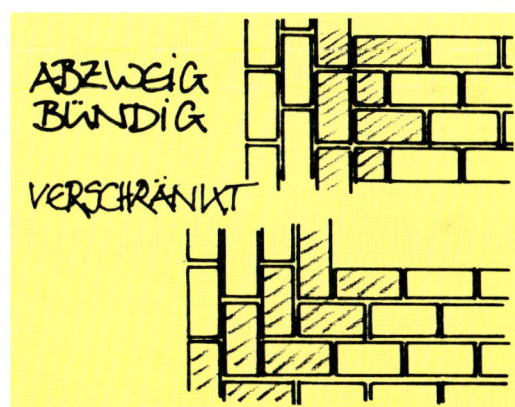

10

11

12

13

11. Innerhalb der Klinkerfläche nehmen sich flächige Ornamente sehr gut aus. Sie können hier sowohl Klinker verwenden, als auch mit Steckkiesel eine Spirale pflastern. Sparen Sie in der Klinkerfläche ein Quadrat von beliebiger Größe aus. Damit die Klinker Halt haben, stellen Sie zurechtgesägte Schalbretter oder Bohlen senkrecht gegen die Klinker auf den Unterbau. Befestigen Sie diese mit Eisen, die Sie in den Boden schlagen.

Bis an die Schalbretter heran können Sie nun die Klinker verlegen. Die Spirale selber zeichnen Sie sich am besten vorher mit genauen Maßen auf Papier auf, um deren Gestaltung genau in das Pflaster umsetzen zu können.

12. Ihre Skizze übertragen Sie auf die ausgesparte Fläche, indem Sie sich die Spirale auf der Tragschicht vorzeichnen. Messen Sie den Mittelpunkt des Quadrats aus, von dem aus sich die Spirale nach außen schrauben wird. Schlagen Sie ein Eisen ein und befestigen Sie eine Maurerschnur daran, die so lang sein muß, daß sie über den Rand der fertigen Pflasterspirale hinausragt. Knoten Sie ein zweites Eisen dort in die Schnur ein, wo Sie die erste Windung der Spirale vorgesehen haben.

Damit können Sie nun deren Verlauf in die Oberfläche der Tragschicht kratzen. Windung für Windung zeichnen Sie auf diese Weise vor.

13. Sie beginnen mit der Pflasterung im Mittelpunkt der ausgesparten Fläche und pflastern in dem von Ihnen gewählten Material eine einreihige Spirale zum Rand hin. Arbeiten Sie am besten in Mörtel, damit diese einzelne Reihe nicht umfällt. Anschließend pflastern Sie die Zwischenräume in Sand aus. Stecken Sie die Kiesel möglichst eng, damit sie einen guten Halt haben. Prüfen Sie die Höhe der Pflasterspirale und deren Anschlüsse an die umgebende Klinkerfläche laufend mit einer quer gelegten Alu-Latte.